NOUVELLES HISTOIRES INCROYABLES DE LA MÉDECINE

Docteur Pierrick Hordé

NOUVELLES HISTOIRES INCROYABLES DE LA MÉDECINE

Avec la collaboration
de
Jean-Luc Saulnier

filipacchi

REMERCIEMENTS

Aux docteurs : Sami Abdennader, Charles Abitbol, Marie-Claude Benattar, Olivier Bosco, Claude Boukobza, Jean-Pierre Cattan, Alain Chasseriaud, Jean-Michel Cohen, Vianney Desportes, Jérôme Duvillier, Pierre Godefroy, Olivier Gouget, Hervé Hautbois, Jean-Christophe Lambret, Vincent Leroux, Maryvonne Lentzy, Alexandre Mathieu, Christine Muti, Joseph Ohayon, Thierry Planeix, Claude Rocher, Réjane Scemama, Sophie Silcret-Grieux, Jean Thorel, Colette Tintrelin, Thierry Tuszynski, Pierre-André Vacquier.

Et à :
Estelle Abitbol, Anne Crochet, Dominique Danglades, Brigitte Dangleterre, Catherine Debord, Virginie Desvignes, Tina Metou-Lopes, Bruno Pargoud, Armelle Pineau, Patrick Spica.

Et plus particulièrement à :
Isabelle Lesage, Docteur Thomas Loeb.

AVERTISSEMENT

Les histoires que vous allez découvrir sont inspirées par des faits réels et toutes authentifiées sur le plan médical.

Par déontologie, nous avons modifié les noms des personnes concernées et les lieux où elles se sont produites.

Une si longue absence

A Kaysersberg, tout le monde connaît les Schwach. La famille y est installée depuis tant de générations que son nom semble y être gravé depuis la nuit des temps. Ce que l'on sait, en revanche, c'est qu'elle produit l'un des meilleurs crémants de la région, couronné de quantité de récompenses et de médailles lors de différents concours agricoles nationaux, voire internationaux.

Arrivé au village, vous laisserez votre voiture à l'entrée, en venant de Colmar, sur la petite place ombragée de platanes séculaires. Vous descendrez à pied vers la Weiss, et suivrez la rue principale. Vous admirerez au passage la maison natale d'Albert Schweitzer, transformée depuis en syndicat d'initiative. L'alignement irrégulier des demeures en encorbellement, dont les colombages de bois rythment les façades de couleurs vives, vous mènera jusqu'à la rivière aux eaux limpides, qui cavale, en glougloutant, vers le Rhin. Du pont de pierre joliment bombé, vous bénéficierez d'un beau point de vue sur le centre de la petite agglomération et son fouillis de toits de tuiles sombres. De là, vous ne manquerez pas de grimper jusqu'aux ruines de l'ancien château médiéval, qui vous offrira un magnifique panorama sur les collines sous-vosgiennes couvertes de vignes. A l'automne, quand les feuillages ont pris cette teinte dorée d'après les vendanges, le spectacle se révèle éblouissant.

Puis, vous redescendrez vers les artères commerçantes, et vous vous égarerez dans les ruelles tortueuses surplombées des cascades de géraniums-lierres qui coulent de chaque fenêtre. Vous serez à coup sûr surpris de la propreté méticuleuse des cours de fermes, malgré les relents un peu surs des raisins macérés qui se dégagent des vieux murs de pierre sèche. Ici, le vin est comme une religion, et exige autant de respect que d'amour.

Au retour de cette courte promenade apéritive, vous vous arrêterez forcément dans l'un des multiples estaminets qui proposent à la dégustation les meilleurs crus d'Alsace. Là, si vous le demandez, on ne vous refusera pas de vous raconter l'étrange histoire de René Schwach.

Celle-ci commence par un bel après-midi de printemps, il y a maintenant plus de cinq ans. Ce jour-là, le soleil est au rendez-vous. C'est l'époque des premières chaleurs, quand les bourgeons éclatent dans une enivrante odeur de miel. « Si ça continue comme ça, se dit René, la récolte sera bonne ». Il se frotte les mains. Car il s'est lourdement endetté dans la modernisation de son exploitation, et n'ignore pas qu'il aura besoin de substantielles rentrées d'argent pour rembourser son emprunt contracté auprès du Crédit agricole d'Alsace.

A près de cinquante ans, quarante-neuf pour être précis, René Schwach est un solide gaillard, au regard vif et à la forte corpulence, dont l'embonpoint trahit le goût de la bonne chair et des grands crus. Une couronne de cheveux gris, plantés drus tout autour du crâne, lui confère l'allure sereine d'un moine bénédictin, dans la pure tradition de l'imagerie populaire. Dans tout le village, il jouit d'une réputation d'homme courageux, et de père et d'époux modèles, ce qui lui a d'ailleurs valu d'être élu conseiller municipal. Il ne manque jamais la messe du dimanche, et participe sans compter au denier du culte. Dans cette région à forte tradition catholique, cette attitude revêt une importance toute particulière. Il a d'ailleurs inscrit ses deux fils, âgés respectivement de quinze et dix-sept ans, dans un cours privé religieux de Colmar afin de leur assurer, pense-t-il, la meilleure éducation.

René a toujours travaillé dur. A quatorze ans, comme c'était l'usage pour ceux de sa génération, il quittait les bancs de l'école afin d'assister son père dans les vignes. Et s'il souhaite pour ses fils des études plus approfondies que les siennes, il aimerait bien que l'aîné, au moins, poursuive jusqu'au diplôme d'ingénieur agricole. Ainsi, il se montre intransigeant quant à leurs résultats scolaires. Mais, jusqu'à présent, force lui est de reconnaître que Didier et Denis lui ont donné entière satisfaction sur ce plan. En échange, lui sait être généreux dans la mesure de ses moyens, et ne refuse jamais de contribuer à l'achat de matériel hi-fi ou de vêtements à la mode, et ce, même s'il ne comprend pas toujours très bien l'évolution des mœurs actuelles, qu'il juge avec sévérité.

Tandis que sa femme s'affaire devant l'évier, René sirote son café arrosé d'un coup de gnôle. Son père, un beau vieillard de soixante-dix-huit ans, se lève et monte pour sa sieste. Guère bavard lui non plus, il se contente d'un hochement de tête pour indiquer ses intentions. Son épouse, de trois ans sa cadette, aide sa belle-fille à essuyer la vaisselle. Elle marmonne simplement :

« Vas-y. Je te rejoins. »

C'est qu'on est peu enclin à la parole dans la famille Schwach. Les mots, c'est comme les sous, on les économise !

Dans le coin de la pièce, sous l'escalier qui grimpe à l'étage, la télévision, allumée en permanence du matin au soir, diffuse le bulletin météo. On prévoit un temps sec pour demain, qui devrait se maintenir jusqu'à la fin de la semaine. Mais il ne faudrait tout de même pas que ça s'éternise trop longtemps ! « Une sécheresse comme l'an dernier, et la récolte est amputée de moitié », songe René.

« Bon, ben c'est pas tout ça, faut que j'y aille », annonce-t-il à la cantonade.

Comme d'habitude, il se sent un tantinet lourd après le repas, un civet de lapin qui a mijoté toute la matinée sur l'angle de l'antique fourneau à bois. Il doit se secouer pour reprendre le collier, et éviter d'être envahi par la torpeur de la digestion. Il passe la porte en ajustant sa casquette et se dirige vers le cellier. Il a entamé, la veille, le nettoyage des cuves métalliques qui ont remplacé, tout récemment, les tonneaux de bois hérités de son arrière-grand-père : « Dame ! si on veut résister à la concurrence, il faut savoir se moderniser ! ». René ne peut retenir un sentiment de fierté devant l'alignement majestueux des silos argentés qui recueilleront, à l'automne, les fruits de la prochaine vendange. Mais sa rêverie admirative est de courte durée. Il n'est pas du genre à se mirer à l'infini dans ces engins. Après avoir accroché avec soin sa veste de toile à un clou fiché dans le chambranle du portail, il reprend sa tâche là où il l'avait abandonnée à l'heure du déjeuner.

Dans le milieu de l'après-midi, la sonnerie du téléphone arrache Adèle à son ouvrage. Elle laisse en plan le curage de l'auge à cochons, et traverse d'un pas alerte la cour carrée, délimitée par les bâtiments de la ferme. C'est le banquier qui souhaite parler à René. Elle appelle celui-ci à grands cris, mais ne reçoit aucune réponse : « Ma parole, il devient sourd ! ». Elle s'essuie les mains à son tablier, et parcourt le chemin en sens inverse, en direction du cellier.

Elle franchit le porche en vociférant de plus belle. Ses yeux peinent d'abord à s'habituer à la pénombre, après les rayons aveuglants du soleil printanier. Puis, soudain, elle pousse un terrible hurlement. Son mari est étendu sur le sol, inconscient, aux pieds de l'échelle accolée à l'une des cuves. Du sang sort de sa bouche. Il semble mort. En dépit des injonctions réitérées de son épouse, il ne remue pas d'un pouce.

Alertés par les plaintes d'Adèle, le grand-père et la grand-mère, tout juste éveillés de leur sieste, arrivent à leur tour. Tous trois se précipitent autour de René, tentent de le relever, lui frappent le visage avec énergie pour qu'il reprenne ses esprits. Mais rien n'y fait. Son regard, largement ouvert, marqué par l'effroi, reste vide au désespoir de tous, et ses membres incapables de bouger.

Adèle, paniquée, se rue alors sur le téléphone, raccroche sans autre forme de procès au nez du banquier qui attendait toujours à l'autre bout du fil, et compose le numéro du médecin de famille, qui figure sur un papier jauni, accroché au mur, au-dessus du calendrier des pompiers. Lorsqu'il arrive vingt minutes plus tard, le docteur constate très vite la gravité de la situation. Il ne peut cacher à Adèle que les jours de son mari sont en danger et qu'il faut agir sans perdre un instant : chaque minute compte dans un cas comme celui-là. Tout en cherchant à la réconforter, il appelle le S.A.M.U. de sa voiture.

Peu de temps s'écoule avant qu'une équipe médicale chevronnée débarque sur les lieux de l'accident. René présente de sérieux troubles respiratoires : son souffle est rauque, encombré ; sa poitrine est secouée de spasmes, avec un bruit de forge, comme s'il s'efforçait de trouver l'air nécessaire à sa survie. Au milieu des voisins en émoi, avertis par les sirènes de l'ambulance, on accomplit alors les premiers gestes d'urgence. Tandis que le chauffeur déplie un brancard, un infirmier installe une perfusion, et le médecin, quant à lui, assure la libération et la protection des voies aériennes grâce à une intubation de sa trachée. Mais ces efforts de réanimation restent vains : le viticulteur a, à l'évidence, sombré dans un coma profond qui résulte d'un traumatisme crânien patent. Ses pupilles sont dilatées et ne réagissent pas à la lumière ; même les stimulations douloureuses ne le font pas esquisser le moindre mouvement.

Entourée par ses beaux-parents, Adèle pleure. Désemparée, dépassée, elle ne peut ni répondre aux questions qu'on lui pose, ni prendre la moindre décision. C'est, poussée par le médecin, qu'elle monte dans l'ambulance, sans même avoir ôté son tablier de travail. Il est probable qu'elle ne réalise pas très bien où on l'emmène, et encore moins à quel point tous ces événements vont transformer sa vie dans les mois et les années à venir.

Les premiers examens effectués à l'hôpital de Colmar mettent en évidence un hématome extradural, une poche de sang qui comprime le cerveau et qu'il faut évacuer sans délai. Certes, l'opération est délicate, mais il n'y a pas le choix : il faut faire confiance au professionnalisme des chirurgiens.

Les parents de René, qui ont assumé les tâches les plus pressées, comme nourrir les animaux, cochons, lapins, poules et canards, rejoignent Adèle dans la soirée. Dans une ferme comme la leur, il n'y a jamais de répit, jamais de jours fériés.

Tous les trois vont alors connaître la nuit la plus éprouvante de leur vie. Pendant un temps infini, ils vont attendre... attendre... sans que personne ne leur communique un quelconque renseignement. A chaque infirmière qui passe, Adèle tente d'arracher une bribe d'information. Mais sans résultat. On lui explique que les équipes ont changé à 23 heures, qu'on n'est pas au courant, qu'on va chercher à savoir, mais qu'on ne garantit rien. Bref, jamais le bon interlocuteur. Pour tenir le coup, ils prennent café sur café au distributeur automatique de la salle d'accueil. Le hall est maintenant désert. Ils feuillettent, sans les lire, les revues écornées qui sont étalées sur une table basse dans un angle de la pièce. Parfois, ils se relèvent, font quelques pas, puis se rassoient, faute de mieux. Aucun d'entre eux n'a plus la force de parler : il y a belle lurette qu'ils ont épuisé les remarques rassurantes qu'ils pouvaient échanger ! Chacun a beau consulter sa montre à tour de rôle, cela ne change rien. Inexorable, le temps s'égrène.

Enfin, vers 2 heures du matin, René sort du bloc opératoire et est transféré dans la salle de réveil dans le service de réanimation. Adèle parvient alors à intercepter un chirurgien qui lui apprend que l'intervention s'est bien déroulée, que l'hématome a été éliminé.

« Maintenant, ajoute-t-il, il ne reste plus qu'à attendre : René est toujours dans un coma sévère et on ignore comment cela va évoluer. Tout pronostic serait prématuré. »

Sur les conseils du médecin, Adèle et toute la famille décident de passer la nuit dans un hôtel proche et de revenir le lendemain matin. Même s'ils n'arrivent pas à dormir, ils pourront au moins s'allonger quelques heures. Dans la pénombre de la chambre au décor standardisé, Adèle réalise enfin la gravité de la situation. Ses larmes s'assèchent alors. S'il faut se battre, elle se battra !

Dès l'aube, elle est sur pied. Elle prend sur elle de ne pas déranger ses beaux-parents. Qu'ils continuent à dormir, cela leur fera du bien. Elle viendra les chercher plus tard. A son arrivée à l'hôpital, on l'autorise à pénétrer quelques minutes seulement dans la salle de réanimation. Elle ne parvient pas à cacher son émotion devant le spectacle horrible qui s'offre à ses yeux : des tubes semblent sortir de toutes les parties du corps de René. L'infirmière lui indique gentiment à quoi servent la canule trachéale, la sonde gastrique et la perfusion :

« Certes, tout cela est très impressionnant mais tout à fait normal, compte tenu de l'état de votre mari », lui dit-elle en la reconduisant par le bras vers la sortie.

Adèle s'apprête cependant à demander des explications complémentaires. Bien sûr, tout ce monde qui s'affaire sans relâche autour de René, ces machines, ce personnel aux gestes précis et efficaces, cela la rassure. Sans aucun doute, son époux est en bonnes mains. Mais elle aimerait tout de même avoir plus de précisions. L'infirmière l'adresse alors au réanimateur de garde.

Le jeune homme — Adèle lui donne tout juste la trentaine — n'est malheureusement guère loquace : selon lui, l'état de René est stationnaire. Depuis la veille, aucune modification notable ne s'est produite. Devant le désarroi de son interlocutrice, il se borne à répéter toujours les mêmes mots : il faut attendre. Adèle, dont la qualité première n'a jamais été la patience, n'entend que ça depuis plus de douze heures : elle retient à grand-peine la colère qu'elle sent monter en elle.

Après un petit déjeuner frugal, elle revient avec ses beaux-parents, qui supportent très mal de voir leur fils ainsi. Ils ne comprennent pas le manque d'informations qu'on leur fournit. Adèle est obligée de mentir : elle leur affirme avec conviction que, d'après les médecins, la santé de René devrait très vite s'améliorer. Pour le moment, leur dit-elle, ils doivent rentrer à la ferme, ne serait-ce que pour s'occuper des bêtes. Elle les tiendra au courant par téléphone de l'évolution de la maladie. Quant à elle, elle logera à l'hôtel pendant quelques jours. Elle raccompagne les deux vieilles personnes, brisées de chagrin, jusqu'à leur voiture. Quelque part, elle est presque soulagée de leur départ.

Restent Didier et Denis. Doit-elle les prévenir ? Après avoir hésité, elle appelle l'internat où ils sont pensionnaires durant la semaine. On lui passe son fils aîné. Celui-ci est très troublé à l'annonce de l'accident dont son père vient d'être victime. Comme si, d'un seul coup, une porte s'ouvrait devant lui : tant d'années d'attachement, d'admiration, et — pourquoi pas ? — d'amour, contenues jusqu'alors par la pudeur familiale. Il en bafouille d'émotion. Il veut venir tout de suite. Sa mère parvient néanmoins à l'en dissuader. Quand elle raccroche, elle a les larmes aux yeux. Mais elle ne tarde pas à se ressaisir : il ne faut surtout pas se laisser abattre. Avec courage, elle reprend le chemin de la salle de réanimation. Ce qu'elle ne sait pas encore, c'est que, pendant près de trois mois, elle va parcourir ce même chemin tous les jours.

Car la malencontreuse aventure de René va être à l'origine d'une rupture fondamentale dans l'existence de la famille Schwach. Elle interrompt brutalement toute une vie de labeur. Jusqu'à ce jour, Adèle n'avait guère contemplé d'autre horizon que celui de la ferme qu'elle n'avait quittée que deux fois depuis son mariage. Pour satisfaire les enfants, ils étaient partis au Club

Méditerranée, à Djerba. Un séjour qui ne l'avait pas beaucoup emballée. Il avait fallu toute l'insistance de Didier et de Denis pour qu'elle accepte d'y retourner une seconde fois. Mais, en dehors de ça, les vacances, elle ne connaissait pas. Pour tout dire, elle s'ennuyait dès qu'elle était loin de chez elle. La Tunisie était bien accueillante, certes, mais rester à se dorer au soleil toute la journée au bord de la piscine et se faire servir, elle ne supportait pas. Elle était trop active. Et, à chaque fois, elle avait retrouvé avec soulagement sa maison. Elle avait besoin d'avoir autour d'elle toute sa nichée, ses enfants, ses chats, ses chiens, ses animaux. Sans eux, elle était perdue.

Pour la première fois donc, hormis ces courts intermèdes tunisiens, Adèle est contrainte à une inertie forcée. Elle passe ses journées entières à l'hôpital, au chevet de René, et guette le moindre signe de sa part. Par malheur, au bout de dix jours, aucune amélioration n'est perceptible. Paralysé des quatre membres, son mari ne survit que grâce à une assistance respiratoire mécanique permanente. Son état végétatif nécessite des soins importants et fréquents. Un véritable escadron d'infirmières se relaie nuit et jour pour le laver, le changer de position, prévenir les escarres, aspirer sa canule trachéale ou renouveler le flacon de perfusion suspendu à un support métallique. Adèle est ébahie par la rigueur et le professionnalisme du personnel hospitalier. Elle observe tous les gestes, les enregistre avec précision.

Mais les médecins ne cachent pas leur scepticisme :

« Il s'agit d'un cas grave, alarmant », lui confie un jeune interne.

Tous répètent à Adèle la même chose : il faut patienter. La sortie d'un coma est parfois longue — surtout un coma de cette profondeur — et on ne peut rien prévoir. Ils lui conseillent cependant de rester le plus de temps possible au chevet de son mari. Son dévouement est alors admirable : elle lui parle sans cesse, lui donne des nouvelles de ses enfants ou de ses parents, lui décrit le temps qu'il fait dehors, lui caresse le bras, lui embrasse le front. Elle ne s'absente qu'une heure par jour, au moment du déjeuner, pour aller prier à l'église. Mais dès 13 heures, elle est de retour et ne le quitte pas jusqu'au soir. Elle ne rentre à son hôtel qu'après la mise en place de l'équipe de nuit.

Après deux semaines, pourtant, alors que René est toujours dans un coma profond et que rien ne permet d'espérer une amélioration prochaine, Adèle doit faire face à un certain nombre de décisions urgentes. Elle sait bien, notamment, que ses beaux-parents finiront par s'user, s'ils assument seuls tout le travail de la ferme. Elle profite donc du dimanche pour rassembler un conseil de famille informel. Pour la première fois depuis l'accident, Adèle, ses deux fils et leurs grands-parents sont réunis à Kaysersberg, dans la grande salle commune au plafond noirci par les vapeurs de cuisine et par les deux cheminées. Le problème essentiel est vite résolu. Tous conviennent de la nécessité de mettre les terres en gérance, du moins, de façon provisoire. La solution sera vite trouvée : une simple annonce dans le journal local suffira à dénicher un couple de jeunes agriculteurs prêts à reprendre l'exploitation viticole. Les vendanges auront donc bien lieu chez les Schwach comme chaque année. Pour ce qui est des animaux, les parents de René s'estiment assez vaillants pour s'en occuper : ils sont bien décidés à « monter la garde », comme on dit, jusqu'au retour de leur fils. Il est arrêté également que Didier et Denis fréquenteront la même école, au moins jusqu'à la fin de l'année scolaire. Leur mère les persuade que c'est, de toute façon, ce que souhaiterait leur père. Quant à Adèle, nul ne conteste que sa place est à l'hôpital, aux côtés de son époux.

La jeune femme — elle n'a pas encore quarante ans — va désormais vouer toute son énergie à sauver René, y compris en combattant le pessimisme des médecins. Au point qu'aujourd'hui encore, son abnégation alimente bien des conversations au village. Elle va organiser autour de lui une gigantesque chaîne d'amitié, et transforme sa chambre en lieu de rencontres pour tous ses proches. Bientôt, celle-ci devient un véritable salon où l'on se croise. On y papote de tout et de rien : de la récolte à venir, de la dernière manifestation d'agriculteurs à Strasbourg, de la naissance d'une petite voisine ou du sermon du curé, le dimanche précédent.

Relayée par ses beaux-parents et ses deux fils, Adèle maintient une présence constante auprès de René. Avec l'accord des médecins, elle l'entoure d'objets familiers : un coussin contre lequel il s'adossait le soir pour regarder la télévision, la pendule de la cuisine et son carillon si caractéristique, son écharpe, sa casquette, son briquet à essence. Elle éparpille tout ce précieux bric-à-brac sur son lit ou sur sa table de nuit. Elle lui fredonne des airs mélodieux, branche la télévision au moment des informations, commente les nouvelles comme s'il lui répondait, consacre même ses après-midi à lui lire le journal ou des passages de la Bible à haute voix.

Elle devient vite une familière du service. Elle connaît toutes les infirmières, noue des liens étroits avec certaines d'entre elles, et n'hésite pas à les assister dès qu'elle le peut, en particulier lors de la toilette ou pour les séances de kinésithérapie.

Adèle fait preuve d'une foi inébranlable. En dépit des réserves du corps médical, elle est persuadée que René s'en sortira. Bien sûr, malgré le soutien de la religion, elle sombre parfois dans le chagrin, des passages à vide, où elle se demande si tout cela à un sens. Mais elle les surmonte très vite. Elle veut croire, coûte que coûte, au miracle. Elle est certaine qu'un jour, un signe de la Providence se produira. Certes, elle ne saurait dire qui, de l'aide de Dieu ou des médecins, emportera finalement la décision. Mais, pour elle, l'issue ne fait pas de doute : René se réveillera et ils recommenceront à vivre comme avant.

Hélas ! le signal tant attendu tarde à venir ! Malgré les soins permanents qui lui sont prodigués, René ne manifeste pas le moindre symptôme de conscience : son état reste obstinément stationnaire. En désespoir de cause, les médecins décident donc de son transport vers un centre pour grands handicapés. Evidemment, pour Adèle, cette solution constitue une complication de trajet, plus de difficultés à voir ses enfants, sa famille. Mais elle n'hésite pas une seconde : elle fera partie du voyage. En aucun cas, elle n'abandonnera René dans une situation aussi critique.

Dès son arrivée dans ce centre, René est victime d'une surinfection bronchique. Sa température monte brutalement et son état de santé s'aggrave de façon alarmante. Le personnel soignant a du mal à cacher son inquiétude. On craint même une évolution fatale, dit-on en substance à Adèle qui, plus que jamais, se réfugie dans la prière. Elle a d'ailleurs obtenu de passer ses nuits auprès de lui, sur un lit d'appoint installé dans sa chambre. Elle ne relâche pas un instant sa surveillance, et ne s'accorde au mieux que quelques minutes de repos entre deux soins. Après une semaine aussi pénible, elle est épuisée. Mais René récupère : les antibiotiques ont agi et le viticulteur retourne à son stade initial et désormais habituel.

Mais Adèle ne se décourage pas pour autant. Elle recrée autour de René l'univers familier qui était le sien à Colmar. Elle apporte de nouveaux objets, des fleurs qu'elle lui fait sentir, une bouteille de vin qu'elle boit en son honneur, un morceau de munster. Elle déploie une inventivité qui émerveille médecins et infirmières. Et surtout, elle reprend ses paroles chuchotées, ses marques d'attention, ses baisers, sachant que René guérira. Pendant des mois, elle ne va cesser de lui parler. Elle s'affaire à une multitude de tâches futiles, allant jusqu'à changer trois fois l'eau des fleurs dans la journée, lui lit des journaux, des lettres qu'on lui écrit et des romans qu'il apprécie. De toute façon, elle ne veut pas se poser de question. Pour elle, René l'entend. C'est une certitude qu'on ne pourra pas lui ôter de l'esprit.

La jeune femme guette toujours le moindre signe de récupération. Un dimanche, alors que Didier et Denis viennent de repartir pour l'internat après être restés auprès d'elle, elle ne peut contenir un cri de joie : René bouge les yeux pour la première fois depuis son accident ! Elle croit au miracle, alerte immédiatement le médecin de garde. Mais celui-ci s'empresse de ramener son enthousiasme à de justes proportions : il ne s'agit que d'un mouvement d'errance, très différent d'un regard dirigé.

Pourtant, malgré le scepticisme du médecin, Adèle est vraiment convaincue du caractère réversible de la maladie de son mari. Et, même si dans les jours qui suivent, celui-ci paraît retrouver l'état végétatif qui est le sien depuis sa chute, cet infime espoir constitue pour elle une étape déterminante vers le rétablissement.

Cependant, les événements semblent progressivement lui donner raison. En quelques mois, les améliorations sont frappantes, quoique très lentes. Surtout sur le plan respiratoire : René pourra bientôt se passer de la ventilation assistée. De plus, Adèle remarque qu'il ouvre de plus en plus souvent les yeux. Certes, comme le lui explique un interne de passage, une mobilité oculaire bilatérale synchrone et anarchique comme la sienne ne saurait être assimilée à un véritable regard. Mais, tout de même, c'est un mieux évident qui renforce la jeune femme dans ses convictions les plus intimes.

Ainsi, aux termes de deux années de fréquentation quotidienne, elle va se décider à franchir un pas décisif : elle se propose de ramener René chez lui, à Kaysersberg, au milieu des siens. Au point de vue administratif et médical, elle le sait, il n'y a aucune difficulté : elle aura droit à une aide journalière qui permettra à son mari de bénéficier des mêmes soins qu'à l'hôpital. Les médecins l'alertent naturellement sur la charge que risque de représenter pour elle cette forme d'hospitalisation à domicile, même en tenant compte des visites régulières de l'infirmière ou du kinésithérapeute. Mais Adèle se montre à ce point déterminée qu'ils finissent par donner leur accord : ils sont bien obligés de reconnaître que, pour leur part, ils ont eu recours à tout ce qui était en leur pouvoir pour sortir René de son coma, et qu'ils n'ont, au niveau médical, plus grand-chose à soumettre.

Après les aménagements qui s'imposaient, Adèle retourne donc chez elle avec son mari. Elle exulte. En empruntant, avec l'ambulance, la petite route qui sillonne entre les vignes, elle sent son cœur se gonfler d'émotion. Et lorsqu'elle traverse le porche de la ferme, c'est son visage tout entier qui est noyé de larmes qu'elle ne cherche pas à contenir. D'autant que sur le seuil de la maison, tout le monde est là à les attendre : ses deux fils, désormais étudiants, son beau-père et sa belle-mère, guindés dans leurs vêtements du dimanche, sans compter les voisins, les amis, venus en renfort pour aider à l'installation.

Une chambre a été équipée au rez-de-chaussée, dans l'ancien atelier de menuiserie qui s'ouvre par une double porte sur la salle commune. C'est là que René va vivre dorénavant, participant, presque malgré lui, aux conversations familiales, aux visites de son entourage, aux échanges rituels avec le postier... bref, à tout ce qui constitue le quotidien à la campagne.

Adèle prend très à cœur son travail d'aide soignante. En somme, elle est plutôt contente de retrouver une véritable occupation physique. Et elle n'a aucun mal à répéter des gestes qu'elle a vus faire si souvent en deux ans. Plusieurs fois par jour, il faut changer René de position, procéder aux soins de bouche et des yeux, nettoyer sa canule trachéale, surveiller sa sonde urinaire. Autant dire que cela ne laisse que peu de répit à la jeune femme. Mais elle ne s'en plaint pas. Bien au contraire. Toute la journée, on l'entend chantonner, parler à voix basse, rire quelquefois, tandis qu'elle s'active autour du lit de son mari.

Malheureusement, les progrès, même minimes, réalisés à l'hôpital, ne se confirment guère après le retour de René à Kaysersberg. Si bien qu'Adèle se met parfois à douter. Et si elle s'était leurrée depuis le départ ? Et si les médecins avaient raison, s'il n'y avait plus d'espoir ? Seule sa foi en Dieu lui permet de résister à ces durs instants de découragement.

Au printemps suivant — il y a maintenant près d'un an que René est rentré —, Adèle assume le remplacement des préparations nutritionnelles, qui passent par la sonde gastrique, par des repas qu'elle concocte elle-même. Pendant des heures, elle réduit en purées liquides civet de lapin, bœuf bourguignon, quenelles de volaille et autres pour nourrir son mari. Elle y ajoute aussi des jus de fruits, de légumes ou des infusions selon l'inspiration du moment.

Peu à peu, le malade reprend du poids, ses escarres diminuent. Même l'infirmière n'en revient pas ! Un matin, alors qu'elle et Adèle s'affairent à la toilette journalière, René fait une grimace douloureuse. C'est la première fois en trois ans qu'il exprime une sensation. A présent, Adèle est certaine qu'il va se réveiller. Si elle ne se retenait pas, de peur qu'on la considère comme folle, Adèle irait crier sa joie dans la cour inondée de soleil.

A partir de là, les progrès vont être constants, bien que toujours trop lents au goût d'Adèle. Un soir, alors qu'elle se dispute avec son fils aîné qui veut abandonner ses études pour redémarrer l'exploitation, elle voit nettement la tête de René qui commence à osciller sur l'oreiller, et son front qui se couvre de sueur. Comment ne pas croire dès lors qu'il entend tout ce qu'on dit autour de lui ?

Quelques mois plus tard, tandis qu'elle lui raconte par le menu les dernières vendanges, Adèle sent la main de son mari se presser contre la sienne. Son bonheur est tel qu'elle va passer la nuit à ses côtés.

Mais cette amélioration n'est que passagère. Au fil des jours,

Adèle n'éprouve plus cette émotion intense. L'état de René reste alors stationnaire de très longs mois, ponctué de phases d'aggravations qui nécessitent de courtes hospitalisations. Mais Adèle ne se décourage pas et prie beaucoup.

Enfin, six ans après l'accident, le vrai miracle se produit : pendant qu'elle ouvre les rideaux de la chambre, René, les yeux écarquillés, suit Adèle du regard et lui sourit. Il allait alors balbutier ses premiers mots, ses premières phrases, comme un nouveau-né.

Diagnostic

L'histoire de René Schwach constitue un cas rarissime d'éveil après six ans de coma.

Les progrès de la réanimation et de la neurochirurgie permettent aujourd'hui à certains patients, victimes de traumatismes crâniens sévères qui les plongent dans un coma profond, de survivre dans un stade végétatif permanent et parfois indéfini. On a même connu des exemples semblables qui ont duré plusieurs dizaines d'années ! Le nombre de ces malades tend actuellement à beaucoup augmenter chaque année.

L'E.V.P., ou l'état végétatif persistant, concerne la survie d'un individu dont le coma excède six mois. Des soins de haute technicité s'imposent alors. Mais ce niveau de non-conscience aboutit plus d'une fois sur deux à la mort. Cependant, la chance de guérison ne doit jamais être négligée. Mais comment savoir lequel sortira de ce long tunnel ? Sur quels critères décider de les maintenir ainsi ? Quel est le rôle du corps médical ? : ne surtout pas baisser les bras, garder l'espoir, comprendre que ces patients sont capables de respirer, de faire battre leur cœur, d'utiliser les aliments, d'avoir la faculté de penser et d'écouter. Il est donc indispensable de les considérer comme des êtres humains à part entière, de leur rendre leur dignité, de ne pas les abandonner, de les surveiller, et de prévenir les éventuelles complications, car personne ne saurait affirmer qui se réveillera et quand.

Il est possible d'arracher ces malades à leurs ténèbres sans parler uniquement d'acharnement thérapeutique. L'espérance, l'amour, peuvent contribuer à les sortir de cette impasse. Les stimulations, les propos des médecins, des infirmiers, des aides soignantes, des kinésithérapeutes, sont déterminants. N'est-il pas ignoble d'entendre parfois : « C'est un légume, il n'y a plus rien à faire, on perd son temps ».

Après de longs mois, voire des années, les gestes médicaux revêtent moins d'importance ; ils n'ont plus besoin d'assistance respiratoire ou cardiaque, car leurs fonctions automatiques se sont peu à peu restaurées. Mais ils restent des êtres qu'il faut solliciter en permanence. Les médecins doivent soutenir les familles, les préparer aux difficultés qu'elles vont rencontrer, aux faux espoirs auxquels elles vont souvent s'accrocher, leur conseiller un soutien psychologique, les aider à comprendre et à accepter cette existence végétative.

Le rôle de l'entourage et des parents se révèle alors primordial. Il est nécessaire de créer un environnement psychologique favorable, riche en excitations sensorielles, en bombardant leur cortex[1] *d'informations variées et motivantes, en installant des objets familiers dans leur chambre, en leur parlant, en les touchant, en les embrassant, en étant présents le plus possible, et, enfin, en bâtissant une véritable chaîne d'amour : voilà une des clés de la réussite. Ces êtres, en état de mort apparente, demeurent avant tout des individus vivants, sensibles, qui captent les informations et pensent beaucoup plus qu'on ne l'imagine.*

Cela exige un engagement moral et personnel constant, qui pose la plupart du temps des problèmes financiers sévères. Mais, ce n'est qu'à ce prix, ce dévouement, qu'on parviendra à les secourir.

1. Partie périphérique du cerveau

La sortie d'un coma d'une période aussi longue ne s'effectue que par étapes progressives. Après ce premier éveil, c'est à un véritable réapprentissage de la vie auquel le patient doit faire face. Comme un nouveau-né, il commence par quelques mots, puis quelques phrases, se nourrit normalement au bout de plusieurs mois, car le goût lui revient peu à peu. Il n'a aucun souvenir de sa phase comateuse. Mais les événements antérieurs à cet accident resurgissent lentement.

Nous n'avons pas encore assez de recul pour savoir comment l'état de cet individu va évoluer, mais les séquelles seront à coup sûr importantes. Persisteront, de longs mois, des troubles moteurs (à type de paralysie), de la vision, de la parole, et psychologiques, car on ne peut pas sortir indemne d'un voyage d'une telle durée dans le noir apparent et l'inconnu.

Il faut en plus parer aux problèmes liés à ces années d'immobilisation : calcification des articulations, dysfonctionnements circulatoires et musculaires.

Mener une existence ordinaire semble utopique, car ce patient restera un grand handicapé, et devra toujours avoir une assistance médicale et psychologique. Mais il vivra.

Nous n'avons plus le droit de parler aujourd'hui d'euthanasie, face à des malades en état végétatif permanent, qui semblent avoir perdu toute chance de récupération. Nous devons accepter de poursuivre les soins, de les considérer comme des êtres vivants à part entière, et de leur apporter tout l'amour possible en préservant à jamais l'espoir.

Les herbes blanches

« Un moment comme ça, on aimerait qu'il dure l'éternité », se dit Irène, penchée à la fenêtre de sa chambre, les coudes appuyés sur la balustrade de fer forgé. Les premières lueurs de l'aube font éclater les verts du paysage, du plus foncé, celui des cyprès, au plus argenté, celui des oliviers. En cette fin du mois d'août, la fraîcheur de la nuit a déposé un voile de rosée sur l'herbe et les buissons, et toutes les senteurs du midi semblent surgir ensemble de la terre humide. En contrebas de la maison, dans le pré qui descend vers la route, les deux chevaux achetés par Jean-Charles, et arrivés la veille au soir en même temps qu'eux, sortent à leur tour du sommeil et s'ébrouent dans un galop léger. La jument, pleine, a apparemment bien supporté le voyage, malgré sa grossesse avancée. D'ici un mois, à peu près, elle devrait mettre bas. En attendant, elle se dirige nonchalamment vers l'abreuvoir en secouant sa crinière. Les rayons du soleil levant jouent joliment avec sa robe foncée.

Au loin, on entend le bruissement sourd des voitures, sur l'autoroute de Montpellier, les derniers flots de la grande transhumance estivale, en direction de la Capitale. Mais Irène n'y prête guère attention. Perdue dans ses pensées, elle se laisse envahir par la plénitude d'être là, au milieu de la nature, chez elle, enfin. Au gré du chant des oiseaux et du souffle d'un vent léger, elle cherche à prolonger quelques minutes encore sa somnolente rêverie. La contemplation du paysage l'absorbe tout entière. Sans doute est-ce le désir de repousser, ne serait-ce qu'un peu, le retour à la réalité, tout le travail qui l'attend, la maison à installer, les cartons à ouvrir, le nettoyage indispensable, alors que le second œuvre n'est pas encore achevé. La piscine n'est pour l'heure qu'un vaste rectangle de ciment grisâtre. La future terrasse ne vaut guère mieux : elle tient plus du terrain vague que du jardin paysager. Et les ouvriers n'ont même pas commencé à poser les carrelages dans la cuisine et la salle de bains. Mais qu'importe ! Irène se sent tellement bien à cet instant précis. Elle est si heureuse d'avoir emménagé dans sa nouvelle demeure qu'elle n'en a quasiment pas dormi de la nuit. Et c'est avec un regard de petite fille émerveillée qu'elle découvre l'environnement qui sera le sien désormais.

Bien sûr, elle aurait préféré partager ce moment de grâce avec son mari. Mais Jean-Charles n'a eu que le temps de les déposer, elle et les enfants, avant de prendre le chemin de l'aéroport : un important contrat avec l'Arabie Saoudite ne pouvait pas attendre. C'est donc seule, un peu déboussolée malgré tout, qu'elle vit cette matinée dans leur nouveau domaine. Tout a été si vite. Le terrain, ils l'ont acheté il y a à peine six mois.

Cinq hectares de pré, de garrigue et de bois, des vignes tout autour comme une mer immobile, et le centre de Montpellier à une demi-heure de voiture de là. Le coup de cœur a été immédiat, d'autant que les enfants se sont montrés d'emblée enthousiastes.

Dès la première visite, ils imaginaient déjà ici la piscine, là le tennis, un peu plus loin le potager, sans compter l'indispensable ménagerie, chevaux, chiens, chats, lapins et autres spécimens à poils et à plumes, appelée à compléter ce tableau bucolique.

Dès la promesse de vente signée, les travaux de construction de la maison avaient démarré. L'idée d'Irène était de s'installer avant la rentrée scolaire, afin de ne pas perturber les enfants en plein milieu d'année. Il avait été nécessaire de harceler constamment les différents corps de métier pour que les délais prévus soient à peu près respectés. La jeune femme s'y était attelée avec sa pugnacité coutumière.

« Dans le midi, il faut agacer l'ouvrier », répétait-elle sans cesse à Jean-Charles.

Presque chaque jour, elle était sur le chantier, veillant à l'avancée du gros œuvre aussi bien que des finitions. Malgré cela, le planning de départ n'avait pu être tenu, et les retards s'accumulaient et se répercutaient en chaîne, du maçon au plombier, du plombier au carreleur, du carreleur au peintre, et ainsi de suite.

C'est donc dans la pagaille la plus totale, qu'Irène et ses enfants ont débarqué la veille au soir. Il avait fallu enjamber les sacs de plâtre, les rouleaux de moquette, les outils en tout genre, pour accéder à l'étage et déployer tant bien que mal des sacs de couchage à même le sol dans des chambres qui empestaient encore la peinture fraîche. Les gamins, eux, étaient ravis de l'aventure. Alors que le soleil s'élèvait au-dessus de l'horizon, Irène revit en accéléré le déroulement de ces derniers six mois qu'elle n'a pas vus passer. Que de tracas, mais que d'excitation aussi ! Non, décidément, elle ne regrette rien. Ca va être tellement mieux pour les enfants. C'est sans remords qu'elle a refermé hier, pour la dernière fois, la porte de leur appartement du centre ville, aux pièces exiguës et à la lumière chichement dispensée.

Mais la jeune femme est brutalement arrachée à ses pensées par des chuchotements de l'autre côté de la cloison. « Mince, déjà », se dit-elle. Elle a entendu Clara et Thomas parler à voix basse jusqu'à une heure avancée de la nuit. Mais elle n'a pas eu cœur d'intervenir. Après tout, ce sont les derniers jours de vacances.

Enveloppée dans un kimono de soie grège, Irène se glisse dans le couloir sans bruit et descend l'escalier de bois qui mène au rez-de-chaussée. Arrivée dans la cuisine, elle ouvre en grand la porte-fenêtre à doubles battants qui donne sur le jardin, ou du moins sur ce que sera le jardin dans un futur plus ou moins proche. Elle fait quelques pas sur le terre-plein qui surplombe les vignes. Puis se retourne. Dans la lumière dorée du matin, la façade rose de style provençal se dresse avec fierté sur le fond bleu uni d'un ciel de fin d'été. Bien que de construction récente, la maison s'intègre au paysage à la perfection. Irène l'a voulue ainsi, une grosse bastide, solide, trapue, sans fioritures inutiles, à l'image des fermes de vignerons des alentours, mais avec, en prime, tout le confort moderne. Le vaste salon de 120 m^2 s'ouvre de tous côtés sur le tertre qui domine le parc. Il communique avec une cuisine à l'américaine. A l'étage, chaque chambre est dotée de sa salle de bains individuelle. Très impressionnée, la maman d'Irène, Mouna, a aussitôt baptisé le domaine : « Les Herbes blanches ». La jeune femme ne peut s'empêcher de sourire en songeant à tout ça. Au fond, elle l'admet, elle est assez satisfaite de cette propriété qui symbolise à la fois la réussite de la vie professionnelle de son mari et celle de leur couple.

Mais son devoir de mère l'appelle. Tandis qu'elle prépare le café, elle sent le frais minois de Clara qui se frotte contre elle. A huit ans, la petite fille n'a déjà plus la rondeur un peu gauche des gamines de son âge, en raison de la pratique assidue de la danse classique. Deux fois par semaine, le mercredi et le samedi, Irène la conduit à ses cours, au conservatoire municipal, derrière la grand place. Pendant ce temps, Thomas prend, au même endroit, des leçons de solfège et de piano. Il est, à quatorze ans, un instrumentiste averti, et son professeur lui a même prédit une belle carrière de concertiste s'il poursuivait dans cette voie. Ce qui, au demeurant, ne l'impressionne pas plus que ça : adolescent bien dans sa peau et dans son époque, il s'intéresse tout autant au sport ou au cinéma qu'à la musique, et ne semble pas pressé de faire des choix.

Thomas débarque à son tour dans la cuisine, cheveux et

lunettes en bataille. Il entraîne tout de suite sa sœur dans une exploration du parc, jouant avec sérieux son rôle de grand frère, lui assénant doctement toute une kyrielle de détails techniques en ce qui concerne aussi bien la construction de la piscine que l'imminente mise bas de la jument.

Irène contemple par la porte-fenêtre ses deux enfants dont la blondeur est accentuée par les deux semaines qu'ils viennent de passer à Ramatuelle. Chaque été, c'est un rituel : Jean-Charles abandonne Fax, téléphone et rendez-vous d'affaires pour se consacrer tout un mois à sa femme et à ses enfants, autour de la piscine de l'auberge du Bahou. Cette année, le séjour a dû être écourté en raison du déménagement. Mais ça n'est que partie remise : ils se rattraperont cet hiver. Il est déjà prévu qu'ils séjourneront tous à Noël dans le chalet familial, à Megève. A cette perspective, Irène se sent ragaillardie. Du coup, elle en oublie sa fatigue et décide de se lancer sans plus attendre dans le déballage des cartons.

Les semaines qui suivent leur installation au domaine ne laissent pas à Irène une minute pour souffler. Entre la rentrée scolaire, la danse de Clara, le piano de Thomas, la maison qu'il faut mettre en route et les ouvriers qui procèdent aux dernières finitions, elle n'a plus un instant à elle. D'autant que les apparitions de Jean-Charles à la maison, entre deux avions, sont ultra-brèves. Il ne peut donc guère l'aider. Par chance, elle a réussi à trouver une femme de ménage. De plus, Mouna la seconde efficacement. Depuis septembre, elle est presque installée à demeure, et préfère souvent y dormir plutôt que de rejoindre son appartement montpelliérain à la nuit tombée.

Dans ce tourbillon d'activités, un incident, pourtant inquiétant, retient à peine l'attention. Un matin de novembre, la jument, qui venait de donner naissance à un joli poulain aux membres graciles, est retrouvée morte dans son enclos. C'est au moment de monter dans la voiture de sa grand-mère pour partir au collège que Thomas fait la macabre découverte. En larmes, il court alerter sa mère. Mouna a cependant le réflexe de garder Clara auprès d'elle dans la Fiat Panda alors qu'elle veut, elle aussi, aller voir ce qui est arrivé. Les deux enfants sont très marqués par l'événement. Irène met ça sur le compte d'un premier contact avec la mort, forcément perturbant. Non sans mal, elle parvient à calmer son fils et à le convaincre d'assister malgré tout à ses cours. Après leur départ, elle appelle le vétérinaire. Mais celui-ci ne peut que constater le décès : non, il n'a aucune explication à apporter ; peut-être est-ce une conséquence de l'accouchement ? A part ça, il n'a rien à déclarer de plus. Dans la journée, l'équarrisseur enlève l'encombrant cadavre. Et au retour des enfants, c'est Dieu merci ! un tout autre problème qui s'instaure au centre des préoccupations familiales : que va devenir le poulain maintenant qu'il a perdu sa maman ? Clara, surtout, semble très inquiète. Irène la rassure et propose de le nourrir au biberon. La petite fille, ravie, se dévoue aussitôt pour cette tâche.

A compter de ce jour, la vie de toute la maisonnée s'organise autour des tétées du jeune animal. Toutes les six heures, selon les prescriptions du vétérinaire, il faut stériliser le gros cylindre de verre gradué et la tétine de caoutchouc, achetés tout exprès, avant d'appeler le fringant nouveau-né pour son repas. Par chance, il est aisé de l'attraper, et il ne rechigne pas, bien au contraire, à avaler goulûment le substitut de lait maternel concocté à son intention. Irène est soulagée. Pour les enfants, c'est une aubaine, un heureux dérivatif après le choc qu'a provoqué en eux la mort de la jument. Ils se relaient sans relâche auprès du poulain, et c'est à qui montrera le plus de zèle en matière d'affection et de caresses. Ils suivent avec passion les progrès rapides de leur protégé, devenu l'objet de toutes les attentions et de toutes les conversations en famille.

Dès que leur père rentre de voyage, ils se précipitent sur lui pour lui raconter les dernières facéties du jeune animal, et l'entraînent, toutes affaires cessantes, vers son enclos, afin qu'il constate, de visu, son évidente bonne santé. Du coup, même Thomas, pourtant plus émotif que sa sœur, parvient à surmonter sa tristesse : les biberons ont apparemment eu raison de sa dépression passagère.

En janvier, vient enfin la période du sevrage. En dépit de son handicap, la croissance du poulain a été spectaculaire. Il est désormais capable de se nourrir seul. Clara et Thomas n'en continuent pas moins à le choyer comme aux premiers temps. Ils jouent des heures avec lui. Ils ne se lassent pas de le voir gambader en liberté dans son pré, s'émerveillent de ses ruades intempestives, et le gavent de sucre et autres friandises au point qu'Irène est obligée d'y mettre un frein. L'animal est devenu pour eux une sorte de grand frère à quatre pattes, le troisième enfant de la famille. Et, quand il a fallu, à l'occasion des vacances de Noël, le confier à un fermier des environs, cela n'a pas été sans discussion : pour un peu, ils auraient été prêts à renoncer à leur séjour au ski !

Dès lors, on comprend mieux le drame que va constituer pour eux la mort du poulain. Un matin, en effet, peu après leur retour de Megève, et alors que les enfants sont déjà partis pour l'école, Irène le découvre inanimé dans l'herbe givrée. Paniquée, elle se rue aussitôt sur le téléphone pour appeler le vétérinaire. Mais quand il arrive au bout d'une demi-heure, il est déjà trop tard : la mort a été foudroyante. L'homme de l'art est forcé d'avouer son incompétence et sa perplexité : il parle vaguement à Irène de maladies héréditaires, courantes chez les équidés, mais sans plus s'avancer. Il est certes surpris par ces deux décès successifs, à quelques mois d'intervalle. Les circonstances, surtout, lui apparaissent surprenantes, dans la mesure où aucun signe avant-coureur n'a donné l'alerte. Cependant, il se méfie de toute conclusion hâtive : selon lui, rien n'indique que cela aurait pu se reproduire. Un hasard malheureux, voilà tout. En bref, il s'emploie à rassurer la jeune femme dont il perçoit le trouble. Mais celle-ci est surtout soucieuse de l'éventuelle réaction des enfants.

A leur retour de l'école, elle est bien obligée de leur apprendre la terrible nouvelle. D'abord incrédules, le frère et la sœur s'effondrent en larmes. Thomas fait une véritable crise de nerfs : lui d'habitude si calme, si posé, se met à trépigner sur place, à hurler, accusant sa mère de tous les maux, la frappant avec des gestes désordonnés. Il hoquette, bafouille, s'étouffe à moitié, saisi par une violente quinte de toux. Sa mère tente en vain de l'apaiser. A bout d'arguments, elle finit par l'envoyer dans sa chambre, tout en serrant très fort Clara dans ses bras. A l'heure du dîner, le jeune garçon ne réapparaît pas. Irène monte à l'étage pour voir ce qu'il se passe. Il est couché sur son lit, tout habillé. Il a les yeux fermés. Sa respiration est à nouveau régulière. Il semble dormir. Irène ne cherche pas à le réveiller.

Durant le repas, Clara reprend peu à peu son babil coutumier. Elle raconte à sa mère sa journée d'école et arbore fièrement le bon point qu'elle a obtenu pour sa récitation d'une fable de La Fontaine apprise la veille. Mais, dès la dernière bouchée avalée, ses paupières tombent. Elle est, c'est certain, épuisée par tant d'émotions. Elle ne demande même pas à regarder la télévision. A huit heures et demie, elle est déjà plongée dans un profond sommeil, enfouie sous sa couette dont ne dépasse qu'une frange de cheveux blonds.

Dans les semaines qui suivent, si Clara mène en apparence une existence tout à fait normale, l'attitude de Thomas, au contraire, n'est pas sans susciter quelque angoisse chez une mère aussi attentive qu'Irène.

L'adolescent traverse alors des périodes d'hyperactivité, marquées, entre autres, par une frénésie maniaque de rangement, entrecoupées de moments d'apathie où rien ni personne ne sont capables de l'atteindre. De plus en plus nerveux, il ne supporte aucune remarque, répond avec insolence à sa mère qui ne sait plus par quel bout le prendre. Elle tente de s'en ouvrir à son mari, mais celui-ci considère qu'il n'y a pas là sujet à une réelle préoccupation : selon lui, c'est un passage obligé, à l'adolescence, et la seule solution consiste alors à l'ignorer.

Mais Jean-Charles, très souvent absent, ne porte qu'un regard extérieur sur ce qu'il se passe. Il ne réalise probablement pas l'ampleur des changements qui affectent son fils. Son entreprise, spécialisée dans la fabrication de fauteuils pour salles de spectacles et de conférences, l'accapare tout entier. Comme il effectue la moitié de son chiffre d'affaires à l'étranger, il est sans cesse en déplacement et ne voit, ou ne veut voir, que le meilleur de ses enfants pendant les courts moments qu'il partage avec eux. Du coup, il a tendance à se décharger sur Irène des questions d'intendance ou d'éducation. C'est elle, notamment, qui organise chaque année les séjours linguistiques de Clara et de Thomas, soit en Angleterre, soit aux Etats-Unis, soit en Allemagne, et Jean-Charles se contente de signer les chèques nécessaires au voyage.

Compte tenu des frais occasionnés par la construction de leur nouvelle maison, il a été convenu que les enfants resteraient exceptionnellement au domaine pour les vacances de Pâques. Thomas se consacre au jardinage. Une passion qu'il a hérité de sa mère. Avant de se marier, celle-ci rêvait de tenir une boutique de fleurs.

Maintenant qu'elle a cinq hectares à sa disposition, c'est de la folie : depuis leur installation, elle ne cesse de planter, bouturer, tailler, se livrant à de véritables razzias chez tous les pépiniéristes des environs. Avec le retour du printemps, ses grands projets d'aménagement, en sommeil durant la mauvaise saison, ont repris de plus belle : haies de lilas, massifs de rhododendrons, rangées de lavandes, parterres de bégonias, treilles de vigne vierge, fleurs de rocaille, rien ne l'arrête.

Aussi, quand Thomas propose de l'aider, elle s'empresse d'accepter. D'autant, se dit-elle, que c'est peut-être un moyen de renouer des liens plus positifs avec lui. Elle est pourtant étonnée de l'acharnement dont il fait preuve. Elle ne peut s'empêcher de juger cela excessif : rien d'autre ne semble plus l'intéresser ; il délaisse son piano, sa raquette de tennis et sa console vidéo. Du matin au soir, il est dans le parc, à biner, sarcler, désherber. Il ne rentre à la maison qu'à la tombée de la nuit, fourbu, crotté de la tête aux pieds, à peine capable d'avaler un morceau avant de monter se coucher. Et inutile de lui adresser la parole, on ne lui soutirera au mieux qu'une réponse monosyllabique.

Au lendemain de ces étranges vacances, l'état du jeune garçon s'aggrave tout à coup. Irène est convoquée par son professeur de français. Elle se sent presque gênée d'être là face à lui. L'homme lui explique que depuis deux mois, les résultats de Thomas suivent une courbe descendante alarmante. De plus, ajoute-t-il, il dort beaucoup en cours. Ne serait-ce pas dû à un abus de télévision ? Irène perçoit comme une sentence à peine voilée à travers cette interrogation. Elle a presque l'impression d'occuper la position de l'accusé. Elle tente de se justifier avec maladresse. Elle rapporte du mieux qu'elle peut les événements de ces derniers mois, propose des explications : sans doute Thomas a-t-il été plus affecté qu'elle ne l'a cru par la mort de deux chevaux, elle n'y aura pas prêté assez d'attention. Elle va donc essayer de lui parler, et de trouver une solution.

Irène sort très troublée de ce rendez-vous. Certes, le professeur lui a bien signifié que le passage de Thomas en classe de première n'était pas compromis. Mais il n'en demeure pas moins que son comportement est contrariant. Thomas a toujours été un bon élève, parmi les premiers dans toutes les disciplines. Comment expliquer, d'un seul coup, une telle dégringolade, un tel désintérêt, surtout dans une matière comme le français où il excellait depuis l'école primaire ?

La jeune femme est peu à peu envahie par une vague de culpabilité. Elle se dit qu'elle a peut-être un peu délaissé ses enfants ces derniers mois. Accaparée par ses différentes activités de bénévolat, les cours de catéchisme, l'aide au pauvres de la paroisse, l'organisation de la kermesse de fin d'année, elle n'aura pas vu venir les problèmes, pas su les appréhender à temps. Elle se promet d'y remédier au plus vite.

Après un rendez-vous avec son médecin de famille, qui est aussi son ami d'enfance (ils étaient au lycée ensemble, jusqu'en terminale), ce dernier lui conseille de consulter un psychologue.

Irène hésite encore. Après tout, Thomas ne se plaint de rien. Il n'a pas l'air malade, ni réellement souffrant. Sa dernière prise de sang, un contrôle de routine, n'a rien révélé d'anormal. Et s'il ne s'agissait que de troubles inhérents à l'adolescence, à peine accentués par le déménagement du début d'année et la présence trop épisodique du père ? Dans ce cas, comme le dit Jean-Charles avec son solide bon sens d'homme d'affaires et de chef d'entreprise, il n'y a qu'à attendre que ça se passe. Il suffit d'un peu de patience et d'affection supplémentaire dispensée avec soin.

Pourtant, devant la persistance de l'état de torpeur de Thomas, des crises d'apathie de plus en plus longues, profondes et répétitives, Irène, en accord avec son mari, finit par se décider. Elle contacte une psychologue qui propose de recevoir Thomas une fois par semaine. A l'issue de cette première entrevue, Irène ne masque pas son soulagement. Enfin elle n'a plus à assumer seule toutes les embûches. Et, en plus, la psy s'est montrée extrêmement rassurante.

Mais le répit est de courte durée. C'est en effet à peu près à la même période que Clara commence à souffrir de douleurs abdominales persistantes. Un dimanche, son père la conduit en urgence à l'hôpital, tant elle semble souffrir. Il craint une crise d'appendicite. En plus, la petite fille, selon sa mère, est un peu constipée depuis quelques jours. Mais l'interne de garde ne constate rien de ce genre : l'abdomen est souple, la température normale, et la fièvre inexistante. Il se contente de prescrire des antispasmodiques et des suppositoires à la glycérine : selon lui, il n'y a pas de quoi s'inquiéter ; c'est sans doute tout à fait bénin. Il précise toutefois que si les symptômes persistaient, il ne fallait surtout pas éviter de consulter à nouveau.

Certes, les douleurs de Clara s'estompent assez vite pour disparaître tout à fait avant la fin de la semaine. Mais elles resurgissent durant le week-end, de façon plus spasmodique et irrégulière. Irène, seule à la maison avec les enfants, téléphone au médecin de garde. Le jeune praticien est perplexe, il avoue ne pas bien comprendre.

Il pose des tas de questions. Irène lui confie que Clara dort de plus en plus mal, que son sommeil est agité, entrecoupé de cauchemars, qu'elle se réveille plusieurs fois par nuit, souvent en sueur. Faute de mieux, le médecin préconise du repos. Il évoque une fatigue bien compréhensible en fin d'année scolaire et envisage un bilan sanguin par sécurité.

Mais Irène n'est pas vraiment convaincue par ces explications : Clara, tout comme Thomas, a toujours adoré l'école et a toujours bien réussi. Elle savait lire à cinq ans et a conservé une large avance par rapport aux camarades de son âge. Pourquoi, d'un seul coup, faudrait-il qu'il en soit autrement ?

La jeune femme commence à craquer. Tout cela est tellement bizarre. Depuis qu'ils habitent cette maison, rien ne marche plus comme avant. Comme si un mauvais sort pesait sur eux. A tel point qu'Irène finit par prendre en grippe ce qu'elle avait tant appelé de ses vœux. Elle devient irascible, rabroue les enfants sans raison, se dispute avec sa propre mère, ne supporte plus la moindre contrariété. Même avec Jean-Charles ses relations se détériorent. Eux qui avaient toujours présenté l'image d'un ménage uni, que tous admiraient, en viennent à se chamailler pour des broutilles. Jean-Charles met ça sur le compte des migraines épouvantables dont se plaint depuis peu son épouse. De violents maux de tête dont elle n'avait pas souffert ainsi depuis l'adolescence, reconnaît-elle.

Mais Irène n'a pas le temps de s'écouter, encore moins de se soigner. Elle est bien trop préoccupée par l'évidente dégradation de l'état de santé de Thomas, et ce malgré ses séances hebdomadaires avec la psychologue. Il ne mange quasiment plus. Sa pâleur est inquiétante. Chaque matin, il se lève épuisé et avoue qu'il n'a presque pas dormi. Des cernes sous ses yeux en témoignent d'ailleurs. A ce point que son médecin, alerté, ordonne une prise de sang qui révèle une anémie. Un traitement à base de fer lui est tout de suite prescrit.

En dépit de ce dernier, quelques jours plus tard, un malaise surprend Thomas dans le jardin. On l'hospitalise. Les premiers examens attestent une aggravation de l'anémie. De nombreuses analyses complémentaires sont demandées afin de comprendre pourquoi l'état général du jeune garçon s'altère et sa santé empire. En effet, Thomas a perdu cinq kilos, ses yeux sont ourlés de traînées bleuâtres et il se sent très fatigué. Des douleurs abdominales le gênent de plus en plus. On fait d'autres prises de sang, des radios, un transit œso-gastro-duodénal[1], une échographie abdominale. Les médecins sont perplexes. On découvre enfin que Thomas présente un taux élevé de plomb dans le sang, entraînant une maladie appelée le saturnisme. Des dosages similaires effectués sur Clara et Irène confirment une intoxication familiale par le plomb.

1. Examen radiologique avec opacification permettant de visualiser l'œsophage, l'estomac et le duodénum.

Diagnostic

Cette mise en évidence d'une intoxication de toute une famille par le plomb surprit les médecins. Une enquête précise a été effectuée pour en déterminer l'origine.

Tout d'abord, la chronologie des événements aurait pu évoquer un problème lié à ce domaine : le début des incidents dès l'arrivée dans cette propriété, la mort des chevaux, les troubles du comportement de Thomas, les douleurs de Clara, les migraines d'Irène, etc. Il fallut faire appel à des spécialistes de l'I.N.R.A. (Institut National de Recherche Agronomique) qui procédèrent à des prélèvements d'herbe, de terre dans différents endroits qui confirmèrent la forte teneur en plomb du sol. Jean-Charles et Irène avaient acheté un lotissement sur lequel existait une fonderie de plomb dix ans auparavant. La fermeture de celle-ci n'avait jamais été suivie d'une dépollution du site comme la loi l'impose aux exploitants. En outre, après la démolition de l'usine et l'aplanissement du terrain, les matériaux infestés par le plomb s'étaient dispersés dangereusement. Inutile de préciser que la famille en question a dû quitter cet endroit.

Des recherches sont actuellement entreprises pour apprécier le degré de pollution des terres environnantes et des réhabilitations vont être progressivement réalisées.

Cette histoire constitue néanmoins un cas exceptionnel de saturnisme.

Autrefois maladie professionnelle des ouvriers de la métallurgie et de l'imprimerie, le saturnisme a régressé grâce à la prévention sur les lieux de travail et aux thérapeutiques modernes.

Il touche encore aujourd'hui certains enfants de milieux défavorisés, âgés d'environ un à trois ans. Le plomb était jadis utilisé dans certaines peintures, qui pouvaient en contenir jusqu'à 85 %. Reconnu toxique, donc dangereux, ce type de peinture a été interdit dès 1948. Mais dans de vieux immeubles construits au début du siècle et jamais rénovés, la peinture est restée. Elle subsiste certes mais s'écaille au niveau des murs, des plinthes et des fenêtres. Les jeunes enfants dont la curiosité les pousse à explorer n'importe quoi risquent de porter les écailles de peinture à leur bouche et s'empoisonnent alors de cette façon.

Les premiers cas de saturnisme infantile ont été décrits dès 1980. En 1987, les médecins des P.M.I.[1] *parisiennes ont mis en place un dépistage systématique. Le laboratoire d'hygiène de la ville de Paris a testé les peintures de nombreux immeubles. Le bilan de cette étude estime que 10 % des enfants suivis en 1991 dans ces P.M.I. et ayant pris part à ce travail sont atteints de saturnisme.*

Cette maladie est difficile à diagnostiquer. Les signes précurseurs sont en effet insidieux : fatigue, irritabilité, anorexie, pâleur, troubles du caractère, douleurs abdominales diffuses, constipations. Ces symptômes sont souvent très modérés au départ et n'inquiètent que rarement les parents. Si le bilan n'est pas effectué assez tôt, l'affection continue de progresser sournoisement pour s'aggraver et entraîner une encéphalopathie[2]*, des convulsions ou un coma, une régression psychomotrice et des problèmes rénaux.*

Le pronostic est sévère si le traitement n'intervient pas dès le début des manifestations sérieuses et de douloureuses séquelles sont alors à craindre.

La première anomalie biologique est l'anémie. Mais celle-ci n'est pas toujours significative quand elle est modérée, car de nombreux enfants présentent des carences en fer. La constatation de l'existence de globules rouges avec des ponctuations

1. Centres de prévention maternelle infantile.
2. Ensemble de troubles cérébraux qui compliquent parfois certaines infections, certaines altérations de l'état général ou certaines intoxications.

basophiles[1] *permet d'orienter le diagnostic, confirmé par un dosage du plomb dans le sang et dans les urines.*

Les soins ne sont pas compliqués : ils consistent à ne plus exposer les enfants au plomb et à leur administrer des médicaments appelés chélateurs du plomb qui conduisent à une amélioration très rapide. L'état de santé de Thomas, Clara et leur maman s'améliora très vite et ils ne connurent aucune conséquence irréversible après une thérapie adaptée.

Les jouets en plomb (soldats, modèles réduits), les objets repeints, les journaux, (les enfants lèchent et ingèrent des quantités importantes de plomb par les encres), les stylos rouges et jaunes sont à même de provoquer des épisodes de saturnisme. Il est donc conseillé de ne pas les laisser systématiquement à la portée des jeunes.

Notons le cas de l'apparition d'une encéphalite aiguë chez un enfant qui buvait tous les jours son jus d'orange dans une tasse en faïence émaillée.

Le saturnisme est donc une maladie qui, diagnostiquée assez tôt, se guérit très bien. Mais plus on attend, plus les séquelles risquent d'être lourdes.

1. Aspect obtenu à l'examen microscopique après coloration des globules rouges par une base.

Un homme débordant d'amour

La Porsche rouge s'engouffre sous le tunnel de Saint-Cloud, laissant derrière elle Paris qui s'éveille à peine. La voix de Phil Collins envahit l'habitacle, et couvre en partie le ronronnement feutré du moteur. La ventilation, poussée au maximum, brasse des relents de cuir, de tabac froid et de parfum capiteux, derniers témoins d'une nuit qui, encore une fois, s'est prolongée jusqu'à l'aube. Au volant de sa voiture, Christian cligne des yeux. Il a du mal à maintenir son attention sur le ruban d'asphalte de la route. Le double espresso, avalé à la hâte avant de partir, debout, devant le comptoir-cuisine du living, n'a pas encore agi. Il est vrai que trois heures de sommeil, c'est sans doute un peu juste ! Mais depuis sa rencontre avec Florence, le jeune homme a plus que jamais l'impression qu'il n'y a pas une seconde à perdre. A trente-huit ans, alors que tout semble lui sourire, il ne peut vivre que dans l'urgence.

Tandis qu'il essaie de se concentrer sur sa conduite, Christian récapitule le programme de sa journée. Il a rendez-vous à 10 heures avec le directeur de production d'une grosse usine de cellulose située au Pont-de-l'Arche, en grande banlieue rouennaise. Il sait qu'il n'échappera pas à la visite des ateliers, aux commentaires enthousiastes des contremaîtres rasés de près pour la circonstance, ni à l'interminable déjeuner d'affaires qui prolonge inéluctablement ce genre de festivités. Il se représente déjà avec horreur, l'escalope de veau noyée de crème fraîche dont il devra faire mine de se régaler. Au bas mot, et dans le meilleur des cas, il en a au moins jusqu'au début de l'après-midi. Après, retour sur Paris et rapide briefing à l'agence. Si tout se passe bien, il devrait avoir le temps de faire un squash au Forest Hill avant de retrouver Florence. Il feuillette avec rapidité son agenda jeté à ses côtés, sur le siège du passager. La projection de presse à laquelle ils doivent assister n'est qu'à 20 heures. Ce qui l'arrange, car il pourra même repasser avenue Raphaël pour se changer.

D'ordinaire, ces journées de fou ne l'effraient pas. Au contraire. Il a besoin de ce trop-plein d'activités. Quand, il y a maintenant dix ans, il avait choisi de se lancer dans l'aventure de la pub avec deux de ses meilleurs amis, Gilbert et Mathias, il n'avait pas mesuré l'ampleur de la tâche. Mais il s'était pris au jeu. Se battre pour emporter un marché face à la concurrence était devenu pour lui une seconde nature. Il aimait ce challenge toujours renouvelé, ce sentiment d'être sans cesse sur la brèche. Le goût du risque, sans doute. Et, avec le recul, il ne regrettait rien de son option. Des études commerciales honorables auraient dû le conduire, selon la logique, à prendre la succession de son père à la tête de l'entreprise familiale de constructions mécaniques. Mais le destin en avait décidé autrement.

Les premiers rayons du soleil jettent sur le paysage un éclat froid, presque métallique. Passé le triangle de Rocquencourt, la circulation est devenue plus fluide. Le seul danger : les poids lourds qui déboîtent sans crier gare. Mais les puissantes accélérations de la Porsche lui permettent de faire le vide sur la route, à grands coups d'appels de phares. Christian est maintenant plus détendu. Il se sent de nouveau en pleine possession de ses moyens. Par la vitre entrebâillée lui parvient un courant d'air frais qui lui fouette le visage. Il tend le bras vers le paquet de cigarettes posé sur le tableau de bord. Puis renonce. Il a déjà trop fumé hier soir.

Ses pensées se fixent à nouveau sur Florence qu'il imagine endormie, ses cheveux blonds étalés sur l'oreiller. Sa rencontre avec elle, il n'en revient toujours pas. Quel cadeau ! « Elle est trop bien pour moi », ne cessait-il de se répéter au début de leur relation, car il craignait qu'elle ne le quitte pour un autre.

Florence est directrice de casting. Elle travaille surtout pour le cinéma et la télévision, plus rarement pour la pub. Grâce à elle, il a découvert un autre monde, celui des comédiens, des artistes, des créateurs, un monde radicalement différent de celui de l'industrie dans lequel il navigue à l'accoutumée pour le compte de l'agence. Au fond, c'est ce qu'il apprécie, ce perpétuel changement d'univers qui lui donne l'impression de vivre deux vies à la fois. Dans la journée, il est le golden boy parfait sanglé dans son costume-cravate impeccable, qu'il troque, le soir venu, contre les jeans et les bottes de moto. C'est alors d'autres lieux, d'autres décors : les projections privées, les restaurants à la mode, les nuits en boîte qui durent jusqu'au matin, dans l'incertitude d'un lendemain que personne ne songe à évoquer.

Arrivé au péage de Mantes, Christian insère sa carte de crédit dans la fente de la machine automatique. Il attrape le reçu au vol et accélère pour franchir la barrière qui se soulève. Il se rappelle soudain qu'il a promis de réveiller Florence par téléphone. Il saisit le combiné situé entre les deux sièges de cuir noir, et s'apprête à composer le numéro qu'il connaît par cœur. Par habitude, il lève les yeux vers le pare-brise. Un mur de fer se dresse devant lui. « Merde, le con ! »

Deux camions roulent de front, obstruant tout l'espace disponible. Une seule issue : la bande d'arrêt d'urgence. Christian lâche l'appareil téléphonique qu'il tenait dans sa main droite et s'agrippe au volant. Il appuie avec brutalité sur la pédale de frein. Il entend, comme dans un mauvais rêve, le crissement des pneus qui s'accrochent au bitume. Une odeur de caoutchouc brûlé envahit l'intérieur de la voiture. In extremis, il tente un débordement vers le bas-côté. Il perçoit un bruit de ferraille. Sa tête heurte la vitre latérale. Tout se brouille. La Porsche est emportée dans un interminable tête-à-queue qui s'achève contre la barrière de sécurité.

Quand Christian reprend ses esprits, c'est d'abord le silence qui le frappe. Son premier réflexe est de se regarder dans le rétroviseur : il semble qu'il n'ait rien. Il tente d'ouvrir la portière, de sortir de là au plus vite. Mais une douleur fulgurante lui coupe le souffle. Il est au bord de l'évanouissement.

« Ma jambe, je ne peux plus la bouger », gémit-il.

Il s'affole, et se voit déjà paralysé. Par chance, le poste de police n'est qu'à quelques centaines de mètres, et les secours arrivent rapidement. Moins d'un quart d'heure plus tard, Christian est installé dans une ambulance qui le conduit en trombe vers l'hôpital Raymond-Poincaré. Le traumatisme crânien ne présente pas de signe de gravité. Il n'a pas perdu connaissance, les examens sont normaux, mais il faut l'opérer d'urgence d'une double fracture tibia-péroné. A son réveil, Florence est près de lui.

« Mon vieux, tu l'as échappé belle ! Il paraît que la bagnole n'est pas jolie à voir. Mais toi, ça va ; je te rassure tout de suite, t'es toujours aussi sexy, et même encore plus avec ta jambe dans le plâtre. Maintenant, tu es à ma merci, je vais pouvoir faire de toi ce que je veux. Allez, fais pas la tête. Le médecin m'a dit que dans trois mois, tu courrais de nouveau comme un lapin ».

Trois mois d'immobilité forcée, c'est déjà beaucoup pour un type comme Christian. Certes, il devrait s'estimer heureux de s'en tirer à si bon compte. C'est ce que tout le monde lui répète, Florence, ses parents, ses copains. Le problème est qu'il n'a aucune envie de lire ou de regarder la télévision. Les grands espaces lui manquent... Ces grands espaces qu'il a découverts il n'y a pas si longtemps grâce à sa nouvelle passion, l'avion. Quelque temps avant son accident, il s'était inscrit, en compagnie d'un ami comédien de Florence, dans un petit club de la banlieue ouest. Et depuis lors, chaque dimanche après-midi, il suivait les cours avec assiduité, afin de passer son brevet de pilote. Mais tout ça, pour le moment, c'est fini.

Durant les premiers jours de sa convalescence, Christian essaye bien de tenir le coup. Pourtant, très vite, il se rend compte qu'il ne supporte pas son handicap. Cette collision, c'est le premier gros pépin de sa vie. Peut-être est-ce pour cela qu'il y voit comme un signe annonciateur, une sorte de mauvais présage. Souvent seul — Florence est débordée de travail — il rumine sa rancœur, et remâche sans cesse ce qu'il considère comme une injustice. Il réagit en enfant trop gâté par la vie. Et même s'il en a conscience, il ne parvient pas à lutter contre la dépression qui le gagne insidieusement. Il devient de plus en plus irritable. La moindre broutille dégénère en disputes avec Florence.

Les premières séances de rééducation sont un enfer pour l'un comme pour l'autre. Christian s'impatiente, les progrès ne sont pas aussi rapides qu'il l'espérait. Il exige un autre kinésithérapeute. Il s'en prend à Florence, qu'il accuse de le délaisser, de profiter de son immobilisation pour s'amuser sans lui. Il refuse qu'on lui rende visite et même, dans la plupart des cas, de répondre au téléphone. Le répondeur reste branché en permanence, et les messages des amis s'accumulent en vain sur la bande magnétique.

Florence est soulagée le jour où Christian peut enfin retourner à l'agence. Elle veut se persuader que la reprise d'une activité professionnelle est encore le meilleur moyen pour lui de repartir du bon pied.

En effet, Christian est accueilli avec enthousiasme par ses associés. On sabre le champagne pour fêter le retour de l'enfant prodigue. Les secrétaires se bousculent pour apposer leur signature sur le plâtre de leur valeureux directeur.

Pourtant, l'échec de cette tentative de thérapie par le travail apparaît bientôt criant. Certes, Christian est bien là, mais sans y être. A chaque fois que l'on vient pour lui demander son avis sur tel ou tel dossier, on a l'impression de le sortir d'une insondable torpeur. Et avec Florence, les choses vont de mal en pis. Elle n'accepte plus de le voir avachi dans un fauteuil, une cigarette à la main, prétextant une quelconque fatigue pour décliner tout projet de sortie. Elle ne reconnaît plus celui qu'elle a aimé, qui l'a séduite par son dynamisme, sa joie de vivre, son goût du risque, sa soif d'aventure. Désormais, Christian n'ouvre la bouche que pour se plaindre : de sa jambe dont il souffre, des clients qui sont des cons, de ses collègues, de ses amies à elle, de tout et de n'importe quoi. Au point que la jeune femme finit par craquer et le quitte. Le soir même, Florence fait ses malles pour ne plus revenir, et Christian ne tente rien pour la retenir.

Les mois qui suivent cette séparation sont pour lui un tunnel dont il ne garde aucun souvenir précis, si ce n'est qu'il se découvre une nouvelle passion pour le corps médical. Lui qui n'avait jamais vu de médecin avant son accident, en dehors des contrôles de la médecine du travail, se met à courir de consultation en consultation. Il prend des rendez-vous chez tous les spécialistes de Paris. Une nette tendance hypocondriaque le conduit un jour chez le rhumatologue, le lendemain chez le dermatologue, et un peu plus tard chez un allergologue. Mais rien ni personne ne peut apaiser ses angoisses. Et chaque matin apporte son lot de nouveaux symptômes inquiétants : douleurs dans l'avant-bras, toux, éruption, maux de tête, tout y passe. Ce sont d'ailleurs ces derniers qui le troublent le plus, mais il les attribue à l'alcool.

Pendant ce temps, il ne se préoccupe plus du tout de son travail. Les dossiers inachevés s'entassent sur son bureau. Par sa faute, l'agence perd plusieurs gros budgets, et la situation financière se révèle de plus en plus embarrassante. D'autant que la concurrence en profite pour s'imposer sur des marchés qui leur étaient jusqu'alors réservés. Mais, manifestement, Christian n'en a cure.

En général, le jeune homme est injoignable. Au bureau, lorsque ses correspondants lui téléphonent, on leur déclare toujours qu'il est en réunion ou en rendez-vous à l'extérieur. De fait, il n'est d'ailleurs pas à son poste. Chez lui, ses amis tombent au mieux sur le répondeur. Mais le plus souvent, la sonnerie retentit sans succès dans l'appartement déserté. Même ses collaborateurs ne parviennent plus à l'apercevoir qu'en coup de vent !

Tout a commencé par hasard, un soir où il dînait seul à la terrasse d'une brasserie de la place du Trocadéro, quelques semaines à peine après le départ de Florence.

Ce soir-là, donc, peut-être un peu éméché, il engage la conversation avec deux touristes espagnoles assises à la table à côté. Elles sont jeunes, au look sympa, excitantes avec leurs robes à bretelles et leur dos nu. Presque malgré lui, il s'entend leur proposer de prendre un dernier verre chez lui. Un dernier verre qui se termine aux premières lueurs de l'aube, dans un désordre de draps froissés et de corps enchevêtrés...

Dès lors, Christian est obsédé par les conquêtes féminines. Comme s'il découvrait à l'orée de la quarantaine son irrésistible pouvoir de séduction de beau gosse un peu triste.

Il sort toutes les nuits, erre de café en café, à la recherche de la partenaire consentante. Au besoin, il n'hésite pas à avoir recours aux services de prostituées tarifées, levées dans la rue ou dans les bars à touristes de Pigalle. Sa fringale de plaisir physique est absolument insatiable. Sa longue silhouette de sportif dégingandé et sa nouvelle Porsche sont bientôt connues de tous les quartiers chauds. Il écume les pubs, les discothèques, drague sans complexe et sans se cacher tout ce qui porte jupon et lui paraît « consommable ». Il fréquente les hôtels de passe avec la même assiduité que celle dont il faisait preuve autrefois pour les cours de tennis. Un soir, il parvient même à attirer la serveuse d'un restaurant de nuit dans les toilettes de l'établissement, où ils font l'amour avec une sauvagerie expéditive. La malheureuse a d'ailleurs tout juste le temps de rabattre sa jupe, quand le patron l'appelle pour porter l'addition à un client.

Excepté ses folies sexuelles, Christian ne se sent pas très en forme. Il est fatigué, a du mal à se lever, est, à plusieurs reprises, pris de maux de tête, et n'a pas bonne mine avec ses cinq kilos en moins.

Quel bien-être éprouve Christian dans cette quête de sexe ? Une question qu'apparemment il ne veut pas se poser. A l'agence, où il arrive pourtant souvent tard dans l'après-midi, il ne peut s'empêcher de draguer toutes les employées. Ses mains baladeuses deviennent légendaires.

Au départ, ses associés s'en amusent plutôt. Ils mettent cette frénésie sexuelle sur le compte d'une séparation trop brutale avec Florence, et pensent que tout cela ne durera pas. Et puis, après tout, n'est-ce pas là le signe d'une bonne santé enfin recouvrée ?

Mais loin de se calmer avec le temps, cette recherche désordonnée de la jouissance et du plaisir physique prend des proportions alarmantes. L'épouse légitime d'un client en fait la troublante expérience. Alors qu'elle attend calmement son mari dans le hall d'entrée de l'agence, Christian ne va-t-il pas jusqu'à lui proposer « de faire l'amour », là, tout de suite, dans le bureau des archives ! Gilbert et Mathias ont alors toutes les peines du monde à aplanir le scandale.

Ils finissent ainsi par se demander si les consultations médicales répétées de leur ami n'ont pas pour unique objet de séduire infirmières et secrétaires en blouses blanches. Ils s'interrogent sur ce qui prend véritablement l'allure d'un trouble du comportement. Et encore, ils ne savent pas que Christian s'enferme plusieurs fois par jour dans son bureau pour réfréner des érections aussi fréquentes qu'intempestives !

Car son hypersexualité atteint des sommets inimaginables.

Plus il en a envie, plus il y cède, plus il en a besoin. C'est comme une drogue. Le week-end, il lui arrive de rester au lit durant plus de quinze heures, et de connaître l'orgasme cinq fois de suite. Il épuise toutes ses partenaires qui, d'abord ravies d'un amant aussi rigoureux, en viennent immanquablement à crier gare. Pour satisfaire ses besoins érotiques, il utilise tous les moyens possibles : le Minitel, les petites annonces, les agences matrimoniales, les clubs échangistes. Tout est bon. Malgré cela, il ne peut plus approcher une femme sans désirer la toucher.

Un tel débordement des sens laisse peu de place aux activités sportives que Christian considérait autrefois comme une hygiène de vie indispensable. Il n'a plus remis les pieds au club d'aviation depuis le départ de Florence. Un soir, pourtant, Mathias réussit à l'entraîner au Forest Hill pour une partie de squash.

Mais, au bout d'un quart d'heure de jeu, Christian s'effondre sur le court, victime d'un malaise. Il est au bord de l'évanouissement. Il se relève avec peine quelques secondes plus tard. Son ami lui conseille d'aller consulter. Christian n'y tient pas. Il a déjà vu beaucoup trop de médecins.

Cette indisposition ne l'inquiète pas vraiment ; il s'était couché à 5 heures, et n'avait pas mangé ce midi. En revanche, ces maux de tête commencent à le gêner. Il sait bien que l'alcool et la vie qu'il mène en sont probablement la cause. Mais Christian se demande s'il ne va pas effectuer les examens qu'un spécialiste lui avait conseillés si ses douleurs persistaient. Et puis surtout, il faut absolument qu'il se calme !

Mais aussitôt rentré chez lui, Christian enfile un jean et un blouson, et part pour une nouvelle virée. Ses pulsions sexuelles s'avèrent de plus en plus pressantes. Plus rien ne compte pour lui, hormis la satisfaction immédiate de ses désirs. Il y consacre toute son énergie et toutes ses nuits. Il ne prend même plus le temps d'emmener ses conquêtes éphémères à l'hôtel ou chez lui. Sa voiture, une rue déserte ou un parking souterrain font tout aussi bien l'affaire. Mais ses fornications à la chaîne n'apportent à Christian qu'un apaisement fort passager : à peine a-t-il atteint l'orgasme qu'il songe déjà à la prochaine rencontre. Le scénario peut se reproduire jusqu'à quinze fois successives, et laisse le jeune homme épuisé, vidé, à peine conscient.

La rançon de ses excès, Christian va la payer brutalement en pleine séance de préparation du budget. Ce jour-là, alors que le comptable aborde la question devant tout le personnel, il s'écroule sur la table de réunion, victime d'une crise d'épilepsie.

Une ambulance du S.A.M.U. le transporte en urgence à l'hôpital Ambroise-Paré où les médecins, après des examens approfondis, découvrent la clé de cette étrange affaire : Christian présente une lésion temporale que l'on n'aurait pas détecté jusqu'alors et qui explique ses dérèglements sexuels.

Diagnostic

Christian était atteint d'une lésion temporale, à l'origine des troubles du comportement et de l'hypersexualité qu'il présentait depuis plusieurs semaines.

C'est à l'occasion d'une crise d'épilepsie que cette anomalie fut révélée. Le bilan effectué à l'hôpital, électro-encéphalogramme, radiographie du crâne, scanner, mit en évidence une tumeur temporale dont l'examen anatomo-pathologique[1] *souligna le caractère bénin.*

Les mécanismes nerveux qui régissent la sexualité demeurent encore imprécis. Des phénomènes psychologiques, sensoriels, biochimiques, endocriniens et vasculaires rendent complexes la physiologie de l'acte sexuel. Mais il est certain que les lobes temporaux sont très impliqués et jouent un rôle fondamental. Des études expérimentales animales ont montré une augmentation de

1. Examen microscopique de la lésion.

l'activité sexuelle, une agressivité et une diminution de la peur lors de lobectomie temporale bilatérale[1].

La conduite étrange de ce patient a d'abord amusé son entourage, qui s'est par la suite peu à peu inquiété de son appétit sexuel débordant. Dans certaines situations encore plus aiguës, il n'est pas rare d'observer des épisodes d'exhibitionnisme, d'homosexualité, de masturbations en public, de fétichisme, de transsexualisme et parfois même de tentatives de viol qui impliquent alors l'intervention de la justice.

Les facteurs psychologiques et socioculturels sont prédominants dans l'apparition de ces désordres qui révèlent très souvent un potentiel d'hypersexualité sous-jacent.

Il est plus fréquent de rencontrer des épisodes d'hyposexualité, d'impuissance, lors d'une lésion temporale. Les phases critiques modérées, isolées, d'évolution très lente, passent parfois inaperçues car ces patients osent rarement aborder ce type de problèmes avec leur médecin.

Des crises d'épilepsie accompagnent la plupart du temps le début de l'apparition de ces perturbations. En effet, épilepsie et activité sexuelle sont étroitement associées : un orgasme, une hyperventilation[2] *pendant un acte sexuel, et ce peut être la crise. Par ailleurs, il arrive que des automatismes sexuels surviennent avant ou après ce type d'attaque : une femme, épileptique depuis vingt ans, présentait avant chaque épisode des sensations d'excitation sexuelle, de chaleur, de congestion vulvaire : elle savait à coup sûr que l'accès était proche.*

Des lésions des lobes frontaux peuvent aussi provoquer une hyposexualité, et plus rarement une hypersexualité.

Si l'on exclut les tumeurs, les causes de troubles du lobe temporal sont les infections, les accidents vasculaires, les

1. Ablation chirurgicale d'une partie du cerveau.
2. Augmentation de la quantité d'air inspiré qui entre par minute dans les alvéoles pulmonaires et qui devient excessive par rapport à la consommation d'oxygène du sujet.

séquelles de traumatismes crâniens. Si l'on veut traiter l'hypersexualité, il faut bien sûr s'attaquer à sa cause. S'il s'agit d'une tumeur, selon sa taille, son type, son étendue, une intervention chirurgicale est alors proposée, associée à une thérapie médicamenteuse. Les désordres de la sexualité peuvent régresser rapidement et le patient retrouve alors son activité sexuelle habituelle.

Une force incontrôlable

Déjà tout jeune, Jacques Imbert n'avait jamais été ce qu'il est convenu d'appeler un enfant facile. Cependant, se retrouver orphelin à l'âge de trois ans n'est pas non plus le meilleur départ que l'on puisse espérer dans la vie. Ses parents, marchands forains dans la région havraise, avaient trouvé la mort dans un terrible carambolage routier, un matin de brouillard, alors qu'ils allaient faire le marché de Lillebonne. Le gamin qu'il était alors, en avait été très traumatisé, au point d'en rester presque muet durant plusieurs mois. Mais de là à perdre complètement la tête, à se mettre à proférer des insanités en public, une fois adulte, il ne faut tout de même pas exagérer ! C'est ce cheminement étrange que nous essaierons de décrire, sinon de comprendre, ici.

Au décès de ses parents, le petit Jacques est recueilli par son oncle et sa tante, la sœur de sa mère. Irène est une femme simple et discrète, au physique banal, à la parole économe, mais au dévouement sans limites. Issue d'un milieu paysan, elle a été élevée dans l'idée que l'entraide, tout comme le travail, était un devoir absolu. Pour elle, la famille, c'est sacré. Aussi, au lendemain de l'accident, se propose-t-elle sans délai de prendre Jacques avec elle.

Pierre, son mari, docker au port du Havre, se range sans hésiter à cet avis inspiré par le bon sens. D'autant qu'il sait combien sa femme a souffert de n'avoir jamais pu mettre d'enfant au monde. Au fond, se dit-il, ce hasard malheureux est peut-être une occasion inespérée de combler un manque qu'ils ont toujours ressenti l'un et l'autre. Un signe de la Providence, en quelque sorte. Un tantinet bourru, peu expansif, et encore moins enclin aux manifestations sentimentales, Pierre a néanmoins un cœur d'or. Et c'est bien volontiers qu'il s'apprête à accueillir le jeune orphelin.

Au pied des falaises de craie creusées par la Seine en des temps reculés, la maison de Pierre et Irène a l'allure d'une chaumière de dessins animés, imaginée par les studios Disney. Ne serait-ce les raffineries qui, au-delà de la route, donnent au paysage un bizarre éclat futuriste, on se croirait dans l'univers de *Blanche-Neige et les Sept Nains*. Cet ancien atelier d'ébénisterie est en fait un curieux assemblage de bâtiments hétéroclites, construits à des époques diverses et pour des usages imprécis. Mais un amoncellement de pots de fleurs colorés sur les rebords des fenêtres confère à l'ensemble un côté pimpant, propre, qui ressemble à ses habitants : on s'attendrait presque à humer des effluves de cire ou de confiture qui cuit, en passant devant la porte ouverte.

Un étroit couloir, qui donne droit sur le jardin potager qui entoure la maison, dessert les trois seules pièces réellement habitables de la partie centrale. En quelques heures, il a fallu aménager à la hâte une chambre à coucher pour le gamin dans l'atelier de couture exigu d'Irène, qui, le cas échéant, effectue quelques travaux de confection à domicile. Le papier peint vieillot, parsemé de bouquets de violettes stylisés, a été nettoyé à grands coups de balais rapides, et l'antique machine à coudre Singer, sur son piètement de fonte, a été remplacée par un lit d'enfant déniché au grenier. Une petite table en bois blanc, recouverte d'un morceau de toile cirée, a réussi à se caser juste sous la fenêtre. Irène y a déposé quelques feuilles de papier, une boîte de crayons et une palette de peinture, achetées au plus vite chez le marchand de couleurs du bourg. Elle veut que Jacques ait tout de suite l'impression d'être chez lui. Elle a même retrouvé dans une armoire, un vieil ours en peluche datant de son enfance, qu'elle a adossé à l'oreiller, sur le couvre-lit de cretonne rouge ; une chute de tissu laissée par une cliente et qu'elle n'a pas encore eue le temps d'ourler.

En fin d'après-midi, l'autobus dépose Jacques et son oncle de l'autre côté de la route. Irène les attend sur le pas de porte, les poings enfoncés dans les poches de son tablier de coton gris. Elle ne peut retenir un léger sourire attendri lorsqu'elle voit son mari prendre la main de ce minuscule bambin pour traverser la voie : à l'évidence, il n'est pas encore habitué à son nouveau rôle de père adoptif. Il paraît un peu gauche, emprunté, maladroit, comme s'il avait peur de faire mal à cet enfant dont il n'a toujours pas réalisé qu'il était le sien désormais. Irène s'empresse de le débarrasser de ce cadeau tombé du ciel. Aussitôt, elle conduit Jacques vers sa nouvelle chambre. Mais ce dernier refuse d'y pénétrer. Il s'accroche de toutes ses forces à ses jupes en pleurant en silence. Elle l'emmène donc à la cuisine pour lui préparer un goûter. Assis sur sa chaise rehaussée d'un coussin, il mâchouille un bout de pain beurré, les yeux perdus dans le vague, sans prononcer un mot. Il ne semble même pas entendre les questions que lui pose sa tante. Jusqu'à la tombée de la nuit, il reste là, à sa place, comme fasciné par le spectacle de l'énorme raffinerie dont les lumières s'allument peu à peu.

Mais à l'heure du coucher, après le dîner, c'est de nouveau le drame. Au moment où elle commence à le déshabiller pour le mettre au lit, Irène sent brusquement le corps du garçon se raidir. Ses membres grêles sont comme tétanisés par une décharge électrique. Il entre alors dans une rage folle, désespérée. Un flot de larmes envahit son visage, devenu livide, presque transparent. Il hoquète des sons inarticulés, incompréhensibles, en proie à une terreur indicible qui menace de l'étouffer.

Irène est paniquée, désemparée. Elle n'avait pourtant pas le souvenir d'un bébé difficile, même si elle ne le voyait pas souvent. Sa sœur habitait à l'autre bout de la ville. Elle travaillait dur, été comme hiver, sur les marchés, y compris le dimanche, et Jacques était souvent mis en nourrice. A sa connaissance, il n'avait jamais présenté de problèmes particuliers. Au contraire, il lui était apparu calme, mesuré, un peu timide peut-être, effacé, mais d'une grande gentillesse. Aussi, Irène se trouve-t-elle désarmée par tant d'excès de violence inattendue. Cependant, forte de son solide bon sens paysan, elle l'attribue au choc causé sur le gamin par la mort récente de ses parents. « Ça va s'arranger, se dit-elle, il suffit d'être patient ».

Appelé à la rescousse, Pierre prêche tout d'abord la fermeté. Selon lui, il ne faut pas laisser cet enfant prendre de mauvaises habitudes ; il doit s'accoutumer tout de suite à son nouveau cadre de vie. Homme de devoir, élevé dans le respect de l'autorité et le culte de l'obéissance, il estime que ce n'est pas à un bambin haut comme trois pommes à genoux de dicter ses volontés. Pourtant, devant le désarroi de son épouse, il fléchit : pour un soir, il accepte d'installer le lit dans leur propre chambre à coucher.

Mais le provisoire va se prolonger pendant plus d'un an. Car, en dépit des attentions de sa tante, et même au bout de plusieurs mois, Jacques connaît des nuits toujours très mouvementées : il ne cesse de se réveiller tourmenté par des cauchemars effroyables, qui le dressent hors de ses couvertures, le front couvert de sueur, le visage baigné de larmes. Irène est à chaque fois bouleversée par ces pleurs qu'elle ne peut s'empêcher de ressentir comme un reproche muet : elle reste pendant des heures auprès de lui, le tient par la main et attend qu'il se rendorme en toute quiétude. Toutefois, à l'aube de ses cinq ans, Jacques refuse toujours de coucher seul dans la chambre aménagée à son intention.

Ses démons semblent s'enfuir avec les premières lueurs du

matin. Dans la journée, il redevient plutôt paisible, bien qu'il ne parle pas beaucoup. Il passe des heures entières à dessiner ou à faire des découpages avec des ciseaux à bouts ronds, assis à la table de la cuisine, tandis que sa tante vaque à ses occupations ménagères ou reçoit ses clientes occasionnelles. Celles-ci s'émerveillent d'ailleurs d'un gamin aussi tranquille dont la placidité tranche radicalement avec la turbulence de leur propre progéniture :

« Vous avez hérité d'un artiste ».

Mais Irène se garde bien de répondre car elle sait, elle, ce que cette apparente sérénité cache de désespoirs profonds. Souvent, elle s'arrête de travailler, observe Jacques et s'interroge : qu'est-ce qui peut bien s'agiter de si terrible derrière ce front lisse, ce minois ingénu, ce regard absent ? Même si elle n'a jamais lu le moindre ouvrage de psychanalyse enfantine, elle s'inquiète de cette indifférence absolue de Jacques à tout ce qui l'entoure. Certes, dans la chaleur de la cuisine entretenue par le feu permanent du vieux poêle à bois, orné du froufrou soyeux des coupons de tissu qui s'amoncellent sur la table, il ne paraît pas malheureux. Occupé à ses dessins toujours recommencés, il donne le sentiment d'être illuminé par une sorte de béatitude bouddhiste ! Pourtant, par périodes, il est même pris de révoltes subites, de colères intempestives, d'une rare violence, au cours desquelles il balaye tout sur son passage : il renverse sa chaise, piétine avec rage les étoffes qu'il a jetées à terre, grimace de douleur et d'angoisse. Des colères qui terrorisent Irène et la laissent complètement démunie.

Pierre supporte de plus en plus mal ce qu'il considère comme des caprices inadmissibles. Un beau matin, après une nuit encore plus troublée que d'habitude, il décrète qu'il faut réagir, que Jacques est désormais assez grand pour dormir seul, et qu'il ne reviendra pas sur sa décision. Alors, il empoigne le lit du gamin, le soulève d'un coup de rein, et le projette avec brutalité dans la chambre attenante.

A compter de ce jour, les rapports entre l'enfant et son oncle vont devenir beaucoup plus tendus. Cet incident va être en fait le point de départ d'un affrontement souterrain qui les dressera l'un contre l'autre pendant plus de vingt ans. Pierre est irrité par le comportement si contemplatif de Jacques. S'il avait rêvé d'un fils, c'était pour jouer au foot avec lui, pour l'emmener dans ses virées à la campagne, pour qu'ils jardinent ensemble... Autant d'activités qui semblent vraiment rebuter ce gamin secret et imaginatif, aux sautes d'humeur inexpliquables pour lui. Du coup, la moindre incartade, la moindre désobéissance, même bénigne, va engendrer des scènes homériques entre Pierre et son neveu, créant un climat détestable dans la maison. D'autant que Jacques se bute, s'oppose de sa petite taille à la massive silhouette de docker de son oncle qui prend tout ça pour de l'insolence caractérisée. Mais ses sermons répétés et virulents sur le respect dû aux adultes ne font pas céder le petit garçon qui s'obstine au contraire dans ses entêtements, sans doute injustifiés. A l'adolescence, ce conflit ouvert deviendra sournois, moins évident aux regards étrangers, mais demeurera empreint d'une intensité extrême, même si plus contenue.

Irène est malheureuse, car elle doit affronter cette antagonisme continuel. Elle se retrouve malgré elle, en position d'arbitre entre un mari qu'elle respecte profondément, dont elle admire la droiture et le courage, et un enfant qu'elle ne comprend pas trop, mais auquel elle voue une adoration instinctive et sans limites.

Une fois réinstallé de force dans sa chambre, Jacques se montre incapable de trouver le sommeil si sa tante ne reste pas auprès de lui jusqu'à ce qu'il s'endorme, en lui prenant la main, en lui chantant des berceuses de son enfance ou en lui lisant des histoires. Quand, enfin, Jacques ferme les paupières, épuisé, elle se retire sans faire de bruit et laisse la porte ouverte et la lampe de chevet allumée. Mais elle ne dort que d'un œil, toujours sur le qui-vive, prête à se relever au moindre gémissement, à la première crise de larmes. Une parfaite télépathie s'instaure entre elle et l'enfant : elle est au pied de son lit avant même qu'il ne se réveille, en proie à ses cauchemars habituels.

Mais Pierre est de plus en plus agacé par cette attitude qu'il juge néfaste. Excédé, il finit par la sommer de choisir entre lui et l'enfant. Il menace même de quitter le foyer conjugal, si Irène n'accepte pas de placer Jacques dans une autre famille. Au cours d'une violente dispute, il s'en prend à elle physiquement, et lui assène, pour la première fois depuis leur mariage, une gifle magistrale. Mais Irène résiste. Elle fait front, ne cède pas d'un pouce, même si elle est horrifiée par tout ce qu'il lui arrive. Pour elle, il n'est pas question d'abandonner Jacques maintenant : elle a accepté cet enfant et entend assumer son éducation jusqu'au bout. C'est un devoir, une sorte d'accord moral entre elle et sa sœur. Elle ne peut revenir dessus. Et puis, ce gamin, elle s'y est attachée. Elle a l'impression de mieux le connaître, même si tout se passe au-delà des mots :

« Ce petiot, il a subi un tel choc ! C'est normal qu'il soit comme ça. Il faut lui laisser du temps ».

Devant l'inflexibilité de sa femme, Pierre fait mine de se rendre à ses raisons. De son côté, Irène s'efforce d'être plus ferme avec Jacques.

Cependant, l'entrée de Jacques à l'école primaire va poser de nouveaux problèmes. Le premier jour de classe, il s'accroche à sa tante, car il refuse de se mêler aux autres gamins. Quand la maîtresse l'entraîne de force, il se met à hurler. Bouleversée, Irène s'empresse de partir pour ne pas entendre ses cris. Elle en a le cœur tout retourné, même si elle sait que cela est une nécessité, qu'il faut bien que Jacques apprenne à se séparer d'elle, à côtoyer des enfants de son âge. Pendant plusieurs semaines, cette scène déchirante va se répéter, laissant Irène exsangue. Impossible pour elle de se concentrer sur son travail. Bien sûr, avec le temps, les choses vont se calmer.

Peu à peu, Jacques apprend à maîtriser ses angoisses, à

traverser le préau sans trépigner ou tempêter. Arrivé devant l'école du bourg, il embrasse sagement sa tante qui le regarde s'éloigner en lui adressant un petit signe d'encouragement. Puis, tranquille, il va s'asseoir sur un banc de ciment de la cour, et attend la sonnerie, comme s'il n'était en aucun cas concerné par les jeux de ses camarades de classe. Il ne cherche même pas à y participer, de quelque manière que ce soit ! Il apparaît plutôt résigné, et ne semble pas du tout comprendre pourquoi on lui inflige une telle sanction. Il reste malgré tout un enfant solitaire.

Pendant les leçons, Jacques est souvent distrait. Il a l'air de tomber des nues à chaque fois que l'institutrice lui adresse la parole. Même s'il excelle dans la lecture — il affiche dans ce domaine une précocité étonnante ! — son attitude révèle certains blocages, qui, selon lui, sont insurmontables, devant l'arithmétique la plus élémentaire : la moindre addition le plonge dans des angoisses quasi métaphysiques. Mais le plus grave est qu'on a le sentiment qu'il ne veut pas accepter ses difficultés : lui, par ailleurs si docile, ne supporte pas la plus petite remarque sur ses erreurs, et entre dans des colères terribles dès que la maîtresse tente de lui expliquer ce qui ne va pas. Irène est à ce propos convoqué à plusieurs reprises par le directeur de l'école qui menace de ne pas reprendre Jacques en classe s'il n'adopte pas une conduite plus conciliante. Elle est obligée de faire preuve de beaucoup de diplomatie pour éviter l'exclusion, et répète, sans se lasser, qu'il faut laisser du temps à cet enfant, dont le traumatisme a été profond avec la disparition brutale de ses parents.

C'est vers l'âge de sept ans que Jacques commence à cligner des yeux, plusieurs fois d'affilée, en fronçant les sourcils. Alertée par l'institutrice, Irène constate bientôt que ce phénomène peut se reproduire souvent dans une journée, surtout quand Jacques est fatigué, énervé ou réprimandé, allant jusqu'à déformer son visage. En revanche, à d'autres moments, notamment quand il dessinait et qu'il était absorbé par sa tâche, ce tic exaspérant pouvait totalement disparaître.

Au début, l'enfant n'en est pas conscient. Mais les réflexions constantes de son oncle à ce sujet le poussent à réaliser le trouble mécanique dont il est victime malgré lui. Ce qui n'a pour résultat que d'aggraver un peu plus son défaut. Au point qu'Irène, excédée par les scènes que cela provoque à chaque fois, décide de conduire le gamin chez son médecin. Mais celui-ci n'apparaît guère soucieux. Il rassure Irène. Selon lui, il ne s'agit que de la manifestation, bien compréhensible en somme, d'une anxiété liée à son traumatisme. Tout cela devrait disparaître à l'adolescence. Rien ne sert de s'inquiéter pour le moment :

« Faites comme si de rien n'était, se contente-t-il de lui conseiller, et tout rentrera dans l'ordre progressivement ».

Par malheur, ce pronostic s'avèrera beaucoup trop optimiste par la suite.

Car au cours de la scolarité chaotique au collège de Gonfreville-Lorcher, le comportement de Jacques ne fait qu'empirer. Peu doué pour les mathématiques et les sciences, il est fréquemment sanctionné pour son insolence envers les professeurs de ces matières. Ce qui lui vaudra, dès lors, deux redoublements successifs.

Dans les moments de furie, ses clignements d'yeux s'accentuent et s'accompagnent dorénavant de curieux mouvements de flexion et d'extension du cou, imprimant à sa tête une sorte de balancement métronomique très agaçant pour l'auditoire. Mais Irène se garde bien de toute remarque à ce sujet : « Quel grand nerveux, ce gamin ! », se borne-t-elle à penser.

A quinze ans, Jacques est considéré comme un adolescent à problèmes, inadapté au système scolaire traditionnel. Sa longue silhouette filiforme lui confère une allure de grand benêt, encore renforcée par une chevelure rebelle au peigne et des petites lunettes rondes qui lui tombent sans cesse du nez. Les seules matières qui semblent capables de le sortir de sa léthargie coutumière sont la musique et le dessin. Pour lui, il s'agit d'une passion lointaine, qui ne l'a pas quitté depuis l'enfance.

Son année de troisième va être carrément épouvantable. Malgré la clémence du directeur, un brave homme à deux doigts de la retraite, il fait l'objet de plusieurs renvois successifs, pour insultes envers ses professeurs. Maintenant, à ses tics antérieurs s'ajoutent désormais des ronflements bruyants auxquels sont joints des raclements de gorge aussi variés qu'inopportuns. Dans certains cas, il devient impossible de faire le cours avec un tel fond sonore. D'autant que ce vacarme suscite quolibets et ricanements inévitables de la part du reste de la classe. On comprend, dès lors, que des professeurs, déjà peu enclins à l'indulgence vis-à-vis d'un élève qui ne travaille pas, perdent patience et réclament des mesures draconiennes à l'encontre de ce perturbateur patenté qu'est devenu Jacques, bien malgré lui.

A la fin de l'année, il est en permanence la risée de tout le collège. Ses camarades ne cessent de se moquer de lui et de ses tics. De caractère plutôt pacifique, il se montre le plus souvent indifférent, ne cherchant même pas à répliquer à des sarcasmes dont on se demande s'il les entend. Mais il lui arrive d'entrer dans des rages folles au cours desquelles il semble ne plus se contrôler, et n'hésite pas à s'attaquer aux plus costauds qui en profitent pour le battre.

Il rentre alors penaud à la maison, couvert de bleus, ses vêtements déchirés, et s'enferme dans sa chambre sans dire un mot.

C'est probablement au lendemain d'une telle bagarre que Jacques fugue. Il disparaît pendant trois jours, sans donner aucune nouvelle. Durant toute une semaine, les recherches de la police restent vaines. Pierre, et surtout Irène, sont dévorés d'angoisse. L'un comme l'autre ne peuvent s'empêcher de culpabiliser, de se dire qu'ils n'ont pas été à la hauteur de leur tâche, qu'ils n'ont pas fait ce qu'il fallait, qu'ils n'ont pas réussi à élever correctement, et à rendre heureux cet enfant qui leur a été confié par hasard. Puis, au matin du quatrième jour, crotté comme un vagabond, son pantalon et sa chemise imprégnés d'une lourde odeur de suint, il revient à la maison sans plus d'explication, sans même songer à s'excuser du tracas dont il a été la cause. Irène, qui a tant eu peur, se repent alors d'avoir pensé au suicide et ne lui adresse aucun reproche : elle le serre très fort dans ses bras en pleurant, puis lui conseille d'aller se changer. Pierre, très ému lui aussi, même s'il retient ses larmes, se garde, contrairement à ses habitudes, de gâcher ses retrouvailles par une quelconque remarque acerbe.

Le conseil de classe finit par décider, en fin de troisième, de la réorientation de Jacques vers un B.E.P. de dessin industriel. Une décision que l'adolescent semble accepter sans difficulté. A son entrée dans son nouvel établissement, un lycée d'enseignement professionnel du centre-ville, ses tics ont même tendance à diminuer, au point de disparaître parfois pendant plusieurs jours consécutifs. Irène se prend à espérer : serait-ce enfin la rémission tant attendue et annoncée par le médecin ?

Mais elle va vite déchanter. Au terme de sa deuxième année, alors qu'il atteint ses dix-huit ans, Jacques sombre dans une dépression. Il s'enferme dans sa chambre, refuse de se lever, d'aller à l'école, rejette toute nourriture. Au bout de trois ou quatre semaines, il est blafard et ne pèse plus que 50 kg pour 1,85 m. Le médecin, appelé en urgence, diagnostique un début d'anorexie et ordonne une hospitalisation immédiate. Par chance, le bilan de santé de Jacques s'avère très rassurant : son électro-encéphalogramme est normal, ainsi que la prise de sang, et personne ne paraît s'inquiéter de ses tics, puisqu'ils ne se manifestent que très peu pendant son séjour à l'hôpital. D'ailleurs, son rétablissement est spectaculaire : grâce à des apports nutritionnels adaptés, il reprend rapidement plusieurs kilos et est autorisé à sortir au bout d'une semaine. Il va beaucoup mieux. Néanmoins, un psychiatre, consulté à l'occasion, propose de le suivre de façon plus régulière.

Pourtant, Jacques ne parvient pas à obtenir son diplôme et part pour l'armée quelques mois plus tard, sans n'avoir jamais cherché à revoir le psychiatre de l'hôpital. Après tout, il se sentait bien, et n'en voyait pas l'utilité.

A son retour, douze mois plus tard, il se réinstalle chez son oncle et sa tante. Dans un petit appentis accolé au bâtiment d'habitation, et qui avait dû servir autrefois de remise pour le bois ou les outils de menuiserie, il s'aménage un atelier de peinture dans lequel il passe tout son temps libre et même la plupart de ses nuits. A présent, il ne croise Irène et Pierre qu'au moment des repas.

Là, dans son antre, il se consacre tout entier à sa passion du trait et de la couleur, barbouille d'un mouvement ample et rageur des toiles aussi grandes que le lieu peut en contenir, et qu'il entasse dans le grenier au-dessus. Bien qu'ils aient quasiment disparu dans la vie courante, ses clignements d'yeux s'intensifient aux moments forts de la création, quand son pouvoir de concentration est à son comble. Son oncle, qui l'observe de temps à autre par la fenêtre qui donne sur le jardin, le croit à demi fou. Surtout lorsqu'il le voit relever sa chemise pour se gratter frénétiquement le torse ou se mordre les lèvres jusqu'au sang en grimaçant de douleur. Mais il préfère ne rien dire : Irène est tellement heureuse depuis que Jacques est de retour !

Pendant plusieurs mois, le jeune homme vit de petits boulots successifs, occupe, tour à tour, des emplois de coursier, de magasinier ou de vendeur. Mais au bout d'un an, la crise aidant, il se retrouve au chômage. Alors ses tics reprennent de plus bel, avec une violence accrue. Même dans la rue, il ne peut ni retenir les balancements de sa tête ni les sautillements incessants qui le font passer, aux yeux des chalands, pour un grand malade psychiatrique qui vient de sortir de l'asile ou qui est sur le point d'y entrer. Mais, au fond, tout cela ne le préoccupe guère. On se demande même s'il se rend compte de son état ! Plus que jamais, il se réfugie dans son atelier, recouvrant plusieurs fois la même toile, faute de pouvoir acheter du matériel nouveau. Tout à son travail, il perd conscience de ce qui l'entoure et des tics qui l'agitent. Seule Irène semble s'en tracasser. Pierre, quant à lui, a abdiqué : même s'ils habitent dans la même maison, il ne voit plus jamais son neveu.

Celui-ci finit tout de même par dénicher une place de manutentionnaire dans une biscuiterie industrielle de la banlieue havraise, sur la route de Tancarville. Cette chance inespérée lui permet de retrouver un peu confiance en lui. Il profite de cette relative prospérité pour s'inscrire à un cours de dessin à la Maison de la culture du Havre. Il s'y rend trois fois par semaine après son travail. Là, il commence à rencontrer des gens qui, pour la première fois, ne se moquent pas de lui, de ses tics nerveux, de ses clignements d'yeux ou de ses gestes compulsifs.

Quand il les sent sur le point de ressurgir, il a pris l'habitude de s'enfermer dans les toilettes les plus proches, en attendant que ses crispations, mouvements de tête et autres torsions des mains se calment d'eux-même. En général, il suffisait de quelques minutes de patience.

Pourtant, un jour, alors qu'il est en train de déjeuner avec des collègues de travail à la cantine, au beau milieu d'une discussion animée sur le treizième mois et les primes de fin d'année, il change brusquement de ton et se met à s'exclamer « merde, bite » d'une voix de stentor. Puis il reprend la conversation là où il l'avait laissée, comme si de rien n'était. Ses camarades, interloqués, ne savent pas trop quelle attitude adopter : doivent-ils éclater de rire comme s'il s'agissait d'une bonne plaisanterie ou feindre de n'avoir rien entendu ? En définitive, chacun décide de plonger son nez dans son assiette. Moins enthousiastes, le débat reprend mollement sur un autre sujet. Mais, en fait, tous ont hâte de quitter la table et d'oublier ce fâcheux incident. Pierre se rend bien compte du malaise mais n'a aucune idée sur son origine. Il a beau chercher, il ne voit pas ce qu'il a pu dire de si dérangeant. Il voudrait bien s'excuser, mais de quoi ?

Depuis ce jour, les mots « merde, bite, bordel », toujours les mêmes, vont revenir à intervalles réguliers dans chaque parole de Jacques sans qu'il en ait, selon toute vraisemblance, lui-même conscience. De la part de quelqu'un d'aussi gentil, d'aussi poli, cela paraît étonnant. Et ses interlocuteurs, à l'usine ou au cours, en sont de plus en plus gênés. Cependant, de peur de le blesser, ils n'osent lui en parler. En réalité, ce n'est pas chose facile à dire.

Mais, ce dérèglement étrange va s'accentuant au fil des semaines. Un matin, en croisant son chef de service, Jacques lui lance un tonitruant « bonjour, vieux salaud », et poursuit son chemin sans rien ajouter, sans même se retourner pour juger de l'effet produit. Et pour cause, il ne s'en est pas aperçu ! En revanche, le vieux contremaître, lui, sait très bien et il perçoit comme une tension monter en lui en un clin d'œil. Une telle désinvolture et une telle insolence, il n'a jamais vu ça ! Il n'en croit pas ses oreilles ! Il fait alors adresser à Jacques, par lettre recommandée, un avertissement pour outrage, prévenant l'intéressé qu'il risque le renvoi en cas de récidive.

Lorsqu'il reçoit ce courrier, Jacques est atterré. Il n'a jamais voulu une telle situation, et n'a jamais voulu insulter qui que ce soit. Au contraire, il ne cherche qu'à être agréable en rendant service. Il est si content d'avoir retrouvé du travail. Le jeune homme commence alors à saisir l'ampleur de ses problèmes : ces tics qu'il ne peut maîtriser qu'à grand-peine, ces termes qui lui échappent, ces phrases qu'il ne parvient pas à contrôler... mais quelle est la solution ?

Devrait-il retourner consulter un médecin, voire un psychiatre ? Il n'en a pas envie. Mais, par ailleurs, il sent bien que cela ne peut pas durer. Il est malheureux. Il a peur de devenir fou. Pourtant, on lui a expliqué à l'hôpital que son intellect était normal et qu'il avait même un Q.I. supérieur à la moyenne. Alors, que se passe-t-il ?

Les jours suivants, il tente de redresser la barre. Dès qu'il a l'intuition d'un mot incongru qui s'apprête à sortir de sa bouche, il cherche à le transformer, à le dévier : ainsi « conne » devient conifère, « merde », mercredi... Mais ce palliatif apparaît bientôt dérisoire. Il réalise que personne n'est tout à fait dupe.

Et puis, un soir, alors qu'il buvait un verre avec Chantal, une amie du cours de dessin, Jacques est saisi d'une impulsion subite. Tout à coup, à la fin d'une phrase, il se lève, commence à caresser les seins de la jeune femme par-dessus la table, se touche le sexe au travers de la toile de son jean, puis se rasseoit et continue, impassible, la conversation entamée auparavant. La scène n'a duré que quelques secondes, une vingtaine tout au plus. Selon toute apparence, aucun des clients du café n'y a réellement prêté attention. Mais Chantal est abasourdie. Elle ne réagit pas tout de suite. Elle est presque rassurée de voir que tout se déroule sans problème, comme si elle s'était attendue à un tremblement de terre. Elle s'empresse de mettre fin à la soirée et rentre chez elle, soucieuse. Il semble que le geste de Jacques ait été inconscient. Il devait être dans une sorte d'état second. Bien sûr, avec elle, ce n'est pas très grave. Elle le connaît, sait qu'il vit une période difficile et ne peut être qu'en partie tenu pour responsable d'agissements aussi incontrôlés. Mais qu'adviendrait-il si cela se reproduisait avec d'autres personnes ?

Le surlendemain, Chantal prend donc le taureau par les cornes. A la sortie du cours, elle entraîne Jacques au café et lui raconte tout ce que nul n'a jamais osé lui dire jusqu'alors : sa conduite incohérente de l'avant-veille, ses gestes désordonnés dans la rue, les grossièretés qu'il profère sans arrêt.

Dans le brouhaha de la brasserie, Jacques semble avoir quelque difficulté à se concentrer sur les faits que Chantal lui expose. Il cligne des yeux plus que jamais. Son visage est envahi de larmes. Il ne cesse de répéter :

« Je ne comprends pas, je ne comprends pas ».

Et, en effet, il ne comprend pas comment il a pu en arriver là. Emue par un tel désarroi, un trouble si profond, quasi enfantin, son amie lui conseille alors de consulter un neurologue.

C'est ce dernier qui baptisera enfin ce phénomène : Jacques est atteint de la maladie de Gilles de La Tourette.

Diagnostic

La maladie de Gilles de La Tourette, décrite en 1895, reste encore de nos jours une affection étrange, aux frontières de la neurologie et de la psychiatrie. Elle associe une incoordination des mouvements, des tics, saccades, grimaces, bruits, mots grossiers, caractéristiques de périodes d'hyperactivité et d'excès d'énergie.

Gilles de La Tourette (1857 — 1904), médecin, élève de Charcot, travailla beaucoup sur la pathologie du système nerveux, écrivit de nombreux ouvrages à propos de l'hystérie, et c'est en 1895 qu'il publia pour la première fois plusieurs observations concernant cette affection. Peu connue, cela justifie sa relative rareté ainsi que les difficultés de son diagnostic.

Elle évolue avec lenteur, insidieusement ; son début est malaisé à déterminer, car les signes apparaissent à des dates variables, avec des phases d'aggravation qui alternent avec une apparente rémission et une accalmie qui peut durer jusqu'à un an.

On a longtemps comparé cette maladie à un trouble obsessionnel, avec un besoin impérieux d'effectuer le geste ou le tic, qui provoque alors une satisfaction et une véritable libération.

Cette affection touche principalement trois fois plus de garçons, commence entre l'âge de deux à quinze ans, progresse en douceur, détermine des mouvements anormaux involontaires, rapides, d'une durée inférieure à une seconde, stéréotypés, discontinus, inopportuns, incontournables. Ce sont les tics.

Les tics les plus courants touchent .

— Les yeux : clignement des paupières, froncement des sourcils.

— La bouche : moue, succion, mordillement.

— La langue : léchage, protrusion[1]*.*

— Les muscles de la face, front, sourcils, menton : grimaces.

— Le hochement de la tête.

— Le haussement d'épaules et le balancement du cou.

— Le sautillement, les pas de danse.

— Des modes respiratoires, bruyants, gênants et insupportables pour l'entourage : sifflements, soupirs, toux, crachotements, ronflements.

Peuvent s'associer à ces tics :

— La coprolalie : expressions, paroles obscènes que l'éducation et la morale réprouvent. Elle apparaît de six à trente ans après les tics. On note toujours les mêmes mots ou formules. Le patient est tourmenté par la crainte de les prononcer.

— La copropraxie : gestes orduriers, indécents (se toucher, se masturber).

— L'écholalie : répétition des dernières paroles d'autrui.

— L'échopraxie : répétition des gestes d'autrui.

— Des signes d'autodestruction (morsure de la langue).

Les individus atteints de cette maladie sont intelligents, lucides, capables d'analyser leur état. Psychiquement normaux, le diagnostic en est d'autant moins évident.

Cette affection est un véritable fardeau, un handicap social, car elle est spectaculaire et bruyante, il est donc impossible qu'elle passe inaperçue.

Les tics de la face, comme ceux des voies respiratoires, sont étranges, fâcheux, déroutants pour l'entourage qui a du mal à les

1. Etat d'un organe poussé en avant par une cause pathologique.

supporter. Les patients deviennent encore plus fragiles, nerveux, s'autodévaluent, augmentent leur gêne initiale, s'isolent, entraînant ainsi de véritables troubles émotionnels.

Les symptômes s'intensifient quand les malades s'énervent, sont fatigués, font des cauchemars et peuvent régresser au cours du sommeil, après l'amour, pendant certains sports.

L'évolution de cette maladie est curieuse avec son alternance de rémissions et de recrudescences toujours étroitement liées à la vie publique et privée de l'individu.

Une des hypothèses de l'étiologie[1] *de ce syndrome s'appuie sur le dérèglement des zones primitives du cerveau qui gouvernent impulsions et élans et perturbent le thalamus, l'hypothalamus, le système limbique et les amygdales, où sont logés les déterminants affectifs et instinctifs de la personnalité. A ces dysfonctionnements possibles du cerveau, s'ajoute un concept psychogénétique*[2] *qu'on évoque beaucoup actuellement.*

Le diagnostic et le traitement doivent s'effectuer le plus tôt possible, car ils induisent le comportement ultérieur et permettent une amélioration importante et une acceptation de la maladie associée à une meilleure intégration sociale. Les soins allient un médicament tel que l'Halopéridol qui entraîne une diminution de 80 % des symptômes (mais le problème consiste à trouver la dose minimale efficace sans causer d'effets secondaires) comme avec une prise en charge psychothérapeutique.

La TSA, Tourette Association Syndrome, a été créée en 1974 aux Etats-Unis, et regroupe aujourd'hui des milliers de participants, malades, familles, chercheurs. Grâce à de vastes campagnes, elle a permis à la population de mieux connaître cette affection, d'accepter les Tourettiens (ceux qui souffrent de la maladie de Gilles de la Tourette), et a fait avancer

1. Etude des causes des maladies.
2. Le concept psychogénétique est la participation probable du psychisme et de l'hérédité.

considérablement la recherche dans différents domaines (biochimie du cerveau, génétique, société).

Les résultats remarquables de cette association font partie de l'histoire de ce syndrome.

Il existe une association en Angleterre, au Canada et en France. Des hommes célèbres, tels le prince de Condé, le tsar Pierre II de Russie, André Malraux, auraient été atteints de la maladie de Gilles de La Tourette.

Le docteur Benjamin Simkin, dans le British Medical Journal de décembre 92, émet l'hypothèse selon laquelle Mozart souffrait lui-même de cette affection. Il s'est intéressé aux obscénités qui émaillent certains de ses écrits révélant une coprolalie (avec obsession des fesses et de la défécation), une écholalie, des tics phonatoires et moteurs caractéristiques. Il y rattache également son hyperactivité motrice .

A la base maladie des dégénérés, le syndrome de Gilles de La Tourette a acquis ses lettres de noblesse, mais reste encore fort mystérieux. Le dysfonctionnement du cerveau, peut-être héréditaire, et l'affection psychotique chronique doivent être dépistés et traités le plus tôt possible afin de permettre au sujet une vie plus facile et surtout une meilleure intégration.

Des cris dans la nuit

Ce samedi-là, en sortant de son travail à la maison de retraite d'Enghien-les-Bains, Alvine se dit qu'elle n'a pas envie de rentrer chez elle directement. Elle a besoin de voir du monde, de se mêler à la foule, de faire la fête, de s'amuser. Voilà bientôt six mois qu'elle vit comme une nonne, enfermée dans le cycle métro-boulot-dodo, qu'elle ne rencontre quasiment personne en dehors de ses amis adventistes à l'église, le dimanche.

En montant dans le R.E.R. qui la ramène vers Paris, elle secoue les tresses noires qui encadrent son visage au rythme de son baladeur. Elle décide de s'arrêter aux Halles. Le samedi, il y a toujours de l'animation. Elle se paiera un hamburger, peut-être une toile et après, elle verra bien.

A vingt-quatre ans, Alvine affiche une silhouette élancée de mannequin. Ses longues jambes interminables lui donnent une démarche aérienne qui attire sans conteste les regards masculins, surtout lorsqu'elle porte une robe très courte comme aujourd'hui. Sa peau très sombre, presque noire, lisse comme le bois d'ébène, fait ressortir l'éclat vif de son regard et de ses dents d'un blanc sans défaut.

Grâce au soutien de la religion, elle a réussi à surmonter les terribles difficultés qu'elle a connues à son arrivée en France, quand elle avait débarqué du Sénégal sans un sou en poche. Mais toute cette période n'est plus qu'un lointain souvenir qu'elle veut s'empresser d'oublier. Elle exerce désormais la profession d'aide soignante et, pour la première fois, elle bénéficie d'un salaire régulier, d'un vrai travail. Ce coup-ci, elle a enfin l'impression d'être sortie d'affaire.

Chaque dimanche, elle assiste à la messe dans une petite chapelle du XIIIe arrondissement, proche de la place d'Italie. C'est toujours avec une grande joie qu'elle retrouve là ceux qui l'ont épaulée, aidée, portée au moment où elle en avait le plus besoin. Ceux qui lui ont fait confiance, qui lui ont trouvé un emploi, un logement et lui ont avancé l'argent nécessaire à son installation. Quand elle y repense, elle en a les larmes aux yeux, et prie avec encore plus de ferveur. Aujourd'hui, c'est à son tour de prendre en charge, même modestement, ceux qui traversent des périodes de désarroi, de doute, voire de désespoir. Elle participe activement aux réunions paroissiales, aux fêtes dominicales, et son dévouement, sa générosité sont hors du commun. Tous le reconnaissent.

Elle habite une chambre meublée, dans un petit hôtel de la rue des Trois-Couronnes, dans le XIe arrondissement de Paris, à peu près à mi-chemin entre Belleville et la place de la Bastille. Certes, les dimensions de la pièce sont minuscules, le mobilier réduit à sa plus simple expression, et le confort rudimentaire : juste un lavabo dans l'angle de la fenêtre, les toilettes sont sur le palier. Mais, elle s'y sent bien. Elle est chez elle. Elle n'a jamais vécu ça auparavant.

L'hôtel est surtout peuplé d'Africains, comme elle. Le week-end, par les fenêtres ouvertes, c'est un brouhaha incroyable de dialectes variés qui monte d'un étage à l'autre. La voisine d'Alvine est de Dakar, elle aussi. Elle a emménagé là avec son mari et ses deux enfants, dans une pièce à peine plus vaste que la sienne. Quand elles se rencontrent toutes les deux, elles bavardent longuement, échangent des nouvelles du pays, avec cette nostalgie bon enfant propre aux déracinés.

Son casque toujours vissé aux oreilles, Alvine descend de sa démarche chaloupée à la station Châtelet. Elle commence par s'offrir une généreuse portion de poulet frit au « Kentucky Fried Chicken » du boulevard Sébastopol. Elle déambule ensuite dans les rues avoisinantes, en regardant distraitement les vitrines illuminées. A vrai dire, elle ne sait pas trop quoi faire. Elle n'a pas encore envie de rentrer, mais se demande où aller. C'est alors que, saisie d'une impulsion subite, elle pousse la porte d'un bar où l'on joue au karaoké, situé quasiment à l'angle de la rue de Rivoli. Une foule compacte se presse autour d'une scène exiguë où les consommateurs se relaient pour pousser la chansonnette chacun leur tour. Presque malgré elle, Alvine est propulsée par un serveur vers une table déjà entourée de plusieurs convives. Parmi eux, Jean-René. Avec son Perfecto, ses manches largement relevées sur ses avant-bras tatoués, il cultive une allure de petite frappe au grand cœur. Aussitôt, la conversation s'engage entre eux. Il lui présente ses copains, de Sarcelles comme lui. Elle apprend qu'eux aussi viennent ici pour la première fois.

Jean-René lui offre plusieurs verres. A la fin de la soirée, elle se sent un peu ivre. Sans vraiment réfléchir, elle lui propose de rentrer avec elle à son hôtel. Il accepte aussitôt. C'est le début d'une histoire d'amour qui ne durera guère.

Le jeune homme travaille dans une entreprise de dépannage rapide où il a été engagé pour ses prétendues compétences en matière de plomberie. En réalité, c'est un aimable touche-à-tout, certes bon bricoleur, mais qui n'a jamais passé aucun diplôme, jamais reçu la moindre formation professionnelle. Il a quitté l'école à seize ans, aux termes d'une scolarité mouvementée, et a subsisté ensuite de menus trafics dans sa cité. Seul le culot, un aplomb à toute épreuve et une débrouillardise sans égal lui ont permis d'obtenir cet emploi. Mais Alvine s'en fiche. Ce n'est pas elle qui va lui jeter la première pierre : après tout, elle n'a pas fait beaucoup mieux.

L'entente entre eux est immédiate. Au point que, dans la

semaine qui suit, ils décident de s'installer ensemble, dans la chambre d'Alvine. Jean-René ramène de Sarcelles son modeste paquetage, quelques vêtements, jeans, T.-shirts, bleus de travail, plus une poignée de revues de moto et des altères de culturiste qui disparaissent sous le lit pour ne plus en ressortir. Il devient très vite populaire dans tout l'hôtel, en raison de ses talents et de son adresse pour les réparations en tout genre. Il est toujours prêt à rendre service, à changer un joint de lavabo, la crémone d'une fenêtre récalcitrante ou la pièce défectueuse d'un appareil électro-ménager. En revanche, pas question de l'emmener à l'église : il affiche un anticléricalisme primaire qui rivalise avec son allergie à l'égard de tout ce qui porte un uniforme, flics, militaires ou contractuelles.

Alvine est très amoureuse. Cette rencontre signifie pour elle bien plus qu'elle ne peut l'avouer. Et puis, Jean-René est tellement gentil, tellement serviable. Il la couvre de divers cadeaux : des boucles d'oreilles fantaisie, une ceinture en cuir doré, du parfum. Pendant quelques mois, c'est l'amour parfait. Ils sortent beaucoup, vont au cinéma, au restaurant. Elle l'initie à la cuisine africaine, aux musiques traditionnelles du Sénégal. Lui, l'entraîne à des concerts de rock, à des matches de boxe avec ses copains.

Malheureusement, cette période d'euphorie va être de courte durée. Tout bascule le jour où Jean-René perd son emploi. Il se retrouve brutalement au chômage à la suite d'une engueulade avec son patron. Totalement désœuvré, sans contrainte horaire, il renoue vite avec les habitudes de zonard de son adolescence tumultueuse. Il erre toutes les nuits de café en café, dans les quartiers louches de Pigalle ou de la Goutte d'Or, se met à boire beaucoup, ne rentre qu'au petit matin, souvent ivre mort. Il se montre de plus en plus hargneux, instable, voire violent. Il lui arrive même de frapper Alvine sans raison, comme pour se venger d'on ne sait quelle injustice dont il se croit victime. Peut-être, tout simplement, celle de ne pas être né du bon côté. A court d'argent, il se remet alors aux médiocres larcins, aux cambriolages, aux menus trafics, aux deals à la petite semaine qui ont été son lot quasiment depuis sa sortie de l'école.

Alvine s'inquiète de ce qui n'est, ni plus ni moins, qu'un retour à la délinquance. Impuissante, désemparée, elle prie beaucoup. Mais cela ne lui apporte qu'un soulagement momentané. De toute façon, elle n'a guère de moyens d'agir, de solutions à offrir. D'autant que Jean-René se braque, refuse de l'écouter, l'accusant de se mêler de ce qui ne la regarde pas. Elle songe même à le quitter, à déménager, à trouver un autre logement. Mais elle n'en a pas le courage.

Car, malgré tout, malgré les disputes, les tiraillements, le manque d'argent, l'enfer qu'est devenue leur vie quotidienne, elle continue à l'aimer. Ils connaissent encore, dans les brefs moments d'accalmie, d'incroyables élans amoureux qui les projettent l'un vers l'autre, tels deux naufragés en perdition. Et, à l'aube, dans le désordre des draps froissés, Alvine n'a plus du tout envie de partir. Hélas ! dès le soir venu, Jean-René la laisse à nouveau seule, pour rejoindre ses compagnons de beuverie.

C'est alors que la jeune femme apprend qu'elle est enceinte de deux mois. Compte tenu de l'irrégularité de ses règles, elle ne s'était pas inquiétée de leur retard. Pourtant, le fait est là, indubitable. Le médecin est formel.

Quand elle lui annonce la vérité, Jean-René entre dans une colère folle. Il hurle, renverse la table, lance une bouteille de vin contre le mur, dont le contenu se répand sur le papier peint. Il n'est pas question qu'elle garde cet enfant. Il ne veut pas d'un « môme ». Il a bien assez de s'occuper de lui-même.

Alvine est désespérée. Elle pense même à avorter. Mais son éducation chrétienne lui interdit une telle démarche. Elle sait qu'elle n'a pas le droit d'attenter à la vie qui se développe déjà en elle, que c'est considéré comme un crime. Elle se sent perdue.

Pendant plusieurs jours, Jean-René disparaît. Alvine craint

de l'avoir perdu à tout jamais. Elle se dit qu'elle préférerait mourir. Encore une fois, seule la religion l'empêche de recourir au suicide. Elle commence, elle aussi, à boire beaucoup. L'abrutissement dans l'alcool lui procure le soulagement qu'elle ne parvient plus à trouver ailleurs, pas même dans la prière. Mais elle est bientôt incapable de se lever le matin pour aller travailler. Un médecin conciliant l'arrête pour quelques jours. Mais enfermée seule chez elle, entre les quatre murs de sa chambre, elle est encore plus angoissée. Une lutte terrible se déroule en elle, entre ses convictions et sa détresse présente. D'un côté, elle sait qu'il est encore temps d'avorter, elle y songe sans arrêt. De l'autre, elle ne peut se décider.

Jean-René finit par revenir, au bout d'une semaine. Mais il n'a pas désarmé pour autant. Au contraire, il est plus irritable que jamais, saisissant le moindre prétexte pour insulter Alvine, la frapper à toute volée, la couvrir d'ecchymoses. Un soir, elle doit même se rendre aux urgences de l'hôpital Saint-Louis, après qu'il lui ait entaillé la joue avec sa chevalière en argent. Les médecins lui conseillent de porter plainte. Mais elle s'y refuse obstinément. Après plusieurs épisodes de ce genre, Jean-René s'éclipse pour de bon. Elle ne le reverra plus jamais.

Alvine en est maintenant au quatrième mois de sa grossesse. L'échographie pratiquée à l'hôpital montre un petit garçon qui se développe tout à fait normalement. Malgré cela, la jeune femme sombre dans une profonde dépression. Ce bébé qui grandit en elle, c'est un étranger. Elle n'en veut pas, le rejette de toute son âme, de tout son corps, de toute sa force. Pour tout dire, elle n'éprouve aucun instinct maternel. Cette fois-ci, c'est décidé, elle avortera. Mais les médecins lui expliquent qu'il est trop tard, que ce n'est plus possible, qu'elle n'a plus le choix et doit mener cette grossesse à son terme.

Alvine envisage alors à nouveau le suicide. Elle est prête à tout, même à mourir, pour ne pas donner naissance à cet enfant. Elle s'enferme chez elle, ne voit plus personne, en dehors de sa voisine de palier. Elle ne fait plus ni la vaisselle ni le ménage, ne se nourrit que de conserves qu'elle mange à même la boîte. Elle tente à tout prix de cacher son état, surtout auprès de ses collègues de la maison de retraite, et multiplie les arrêts de travail.

Seule chez elle, elle parle souvent à son bébé. Elle lui raconte que la vie ne vaut pas la peine d'être vécue, qu'il n'y a que méchanceté sur Terre, que son papa l'a abandonné et qu'il vaudrait mieux pour lui ne jamais voir le jour.

A la fin du septième mois, Alvine est au plus mal. Sa voisine s'en rend compte et appelle un médecin en urgence. Elle a peur que la jeune femme commette une bêtise.

En pénétrant dans la pièce, le jeune homme ne peut cacher sa surprise devant le spectacle qui s'offre à lui : les volets à demi fermés en plein après-midi, le désordre indescriptible, les couverts sales empilés dans le lavabo, les ordures ménagères accumulées sur le rebord de la fenêtre. Face à la télé allumée, Alvine est allongée sur son lit. Elle ne cherche même pas à se lever, se contente de tendre une main molle. Elle s'exprime d'une voix monocorde, absente, comme si elle était étrangère à ses propres propos. Au demeurant, son discours trahit rapidement d'évidentes tendances suicidaires. Le médecin réalise bientôt qu'il ne peut laisser la jeune femme dans cet état. Il suggère une hospitalisation, sous le prétexte d'une légère poussée de tension, d'ailleurs réelle. Alvine n'oppose aucune résistance. Elle semble même soulagée qu'on la prenne en charge.

La jeune femme va être hospitalisée trois semaines consécutives. Toute inquiétude concernant le bébé est tout de suite écartée ; son développement s'avère naturel. En revanche, la future maman apparaît très abattue. Un psychiatre commence à venir la visiter régulièrement. Au début, elle est très réticente.

Puis, peu à peu, elle se met à parler, à évoquer sa vie, son enfance au Sénégal et surtout son arrivée à Paris. Pour la première fois peut-etre, elle se livre totalement, osant avouer l'indicible. Elle explique comment elle a été contrainte à se prostituer durant quatre ans pour un cousin qui l'avait mise sur le trottoir, et le dégoût des hommes qu'elle avait ensuite éprouvé, meme après qu'elle s'en soit sortie grâce au soutien des adventistes. Elle décrit aussi l'espoir qu'elle avait eu après sa rencontre avec Jean-René, le père de son enfant, et l'ampleur de sa déception, ses pensées de suicide, d'avortement.

A force de se libérer ainsi, Alvine finit par y voir plus clair et prend une décision d'importance : elle accouchera sous X et abandonnera le bébé. Elle refuse qu'il connaisse la misère. Sa misère. Et surtout, elle souhaite ainsi le protéger de ses envies de se supprimer, voire de le tuer.

Le jour où elle s'ouvre de cette résolution à son psychiatre, Alvine est très calme, réfléchie, presque sereine, comme si elle était sure d'avoir enfin fait le bon choix. Le médecin lui précise tout de meme qu'il n'y a pas d'urgence, le bébé ne sera là que dans un mois, et il lui restera encore trois mois après la naissance pour réfléchir. Mais la jeune femme est déterminée : elle n'élèvera pas cet enfant, elle ne s'en sent pas capable, c'est mieux comme ça.

Alvine ne repasse que quinze jours chez elle avant d'être de nouveau hospitalisée en raison d'une poussée aiguë d'hypertension avec œdème. Elle accouche avant terme d'un garçon de 2 kg 900. Il lui est impossible de lui trouver un nom. Et son comportement ambigu à l'égard du bébé ne laisse pas d'étonner les médecins. D'emblée, elle décline l'allaitement, comme si elle répugnait à s'investir ou qu'elle avait peur de s'attacher à lui. Le plus souvent, elle ne cherche ni à lui adresser la parole ni à le toucher. Pourtant, par moments, elle ne peut se retenir de lui effleurer les joues, ou de le presser contre elle dans de grands élans d'effusion. Le pédiatre, le gynécologue, toute l'équipe du service se prennent alors à espérer que la jeune maman reviendra sur sa volonté de ne pas élever son fils.

Mais, six jours après son accouchement, Alvine quitte la maternité. L'enfant, baptisé Philippe par une infirmière, est gardé encore une petite semaine dans le service. Puis il est placé dans une pouponnière où une « maternante », une mère de substitution, s'occupe de lui. Il y séjournera au moins trois mois. C'est la durée du délai légal pendant lequel la maman légitime est autorisée à renoncer à sa décision d'abandon. C'est seulement au-delà qu'il pourra être adopté par une famille d'accueil.

Pendant les deux ou trois premières semaines, et même si elle ne vient jamais le voir, Alvine s'informe par téléphone de la santé de son fils. Puis, brutalement, ses appels cessent. On n'entendra plus jamais parler d'elle.

Alors qu'il vient de fêter ses deux mois, Philippe est hospitalisé en urgence. La « maternante », inquiète de son agitation et de ses pleurs continus que les câlins habituels et les biberons d'eau sucrée ne parviennent pas à calmer, a alerté les médecins qui craignent une invagination [1] intestinale aiguë. Fort heureusement, un lavement baryté élimine ce diagnostic. En dehors de quelques coliques, fréquentes chez le nouveau-né, le bébé se porte apparemment bien. Il retourne à la pouponnière au bout de cinq jours.

Cependant, à compter de cette date, la « maternante » a toutes les peines du monde à l'alimenter. Car s'il accepte sans problème la nourriture, c'est pour la rejeter aussitôt. De plus, il pleure beaucoup et dort très peu. Il balance sa tête pendant de longs instants sans raison apparente, et semble refuser toute communication : il est presque impossible de capter son regard. C'est un enfant apathique, hypotonique, dont le comportement léthargique paraît traduire une infinie tristesse, un désarroi profond. La « maternante » et l'aide-puéricultrice sont soucieuses : il ne répond pas à leurs sollicitations quand elles le

1. Mode de déplacement du canal intestinal, qui consiste dans l'introduction d'une portion d'intestin dans la portion qui lui fait suite, de telle sorte que la première soit engainée à la seconde.

bercent dans leurs bras, sa mimique est pauvre, il bouge peu, comme alourdi. Les repas sont mornes et s'achèvent souvent par des vomissements.

A quatre mois exactement, Philippe sombre dans une phase d'anorexie quasi totale. Cela devient un enfer, car il regurgite toute nourriture aussitôt après l'avoir avalée. Chaque biberon est suivi de spasmes entrecoupés de sanglots irrépressibles. Ce bébé souffre à coup sûr. Il perd du poids rapidement, se déshydrate, son corps est mou, presque inerte ; ses yeux sont cernés, il n'urine plus et sa tension a baissé. Une brusque montée de température à 39° impose une hospitalisation immédiate. Il faut absolument enrayer cette déshydratation et vérifier qu'il n'y a pas de maladie en cours d'évolution. Mais les résultats des examens s'avèrent normaux. Impossible de diagnostiquer la moindre anomalie organique chez Philippe. Pourtant, même si les perfusions et le gavage ont permis de lui fournir l'apport énergétique indispensable à la reprise de son poids et de sa diurèse [1], il continue à geindre sans arrêt et surtout à ne garder aucun aliment administré par voie buccale. Cet enfant souffre d'un trouble psychologique sévère et se laisse mourir peu à peu dans une immense détresse morale.

C'est alors que les médecins ont l'idée de contacter un psychanalyste qui démarre une étude sur les nourrissons en difficulté. On lui remet aussitôt le dossier du petit garçon, où sont consignés ses antécédents, les hospitalisations de sa mère pendant sa grossesse jusqu'à ses ennuis les plus récents.

La séance se déroule à l'hôpital, dans un discret bureau du dernier étage, sous les combles. Les murs sont nus, le décor impersonnel, le mobilier sommaire. Le bébé, qui hurle toujours, est sur les genoux de la « maternante ». Assis derrière son bureau, face à lui, le psychanalyste commence alors à lui parler

1. Elimination urinaire dans son ensemble, qu'il s'agisse de la quantité des urines ou de leur composition.

doucement, comme à un adulte. Il lui explique que sa mère a dû le quitter car elle ne se sentait pas capable de l'élever seule, mais qu'elle avait pris régulièrement de ses nouvelles. Si aujourd'hui elle s'était arrêtée, c'est parce que ça lui faisait trop mal et que chaque appel provoquait un terrible déchirement en elle.

« Mais, ajoute-t-il, ce n'est pas parce qu'elle ne t'aime pas, bien au contraire, et tu ne dois pas lui en vouloir ».

Peu à peu, le bébé se calme. Comme s'il écoutait et comprenait son interlocuteur. Il le suit des yeux. C'est la première fois qu'il se comporte ainsi, qu'il sort de sa torpeur, de son inertie coutumière.

Le médecin décide d'avancer davantage. Il expose alors à l'enfant bien des correspondances troublantes : s'il est tombé malade à l'âge de deux mois, c'est qu'à ce stade de sa grossesse, au deuxième mois précisément, sa maman a souhaité mourir. Et si, maintenant, il ne se sent pas bien, s'il refuse de manger, s'il pleure tout le temps, c'est un peu pour la même raison, puisque après quatre mois, sa maman avait voulu avorter.

Philippe, qui criait encore de temps à autre, se tait alors complètement. Un peu comme s'il avait besoin de réfléchir. En tout cas, cesser de pleurer aussi longtemps ne lui était pas arrivé depuis presque quinze jours. Cette séance se termine donc sur une note d'espoir.

Le psychanalyste, fort de cette étape initiatique, revoit Philippe deux fois en quelques jours. Peu à peu, ses périodes de crises de larmes s'espacent, et il recommence à s'alimenter normalement, souriant de nouveau, sauvé de cet état dépressif qui aurait pu lentement mais sûrement lui être fatal

Diagnostic

A dix jours, Philippe a été confié à une pouponnière, lieu d'accueil pour les enfants de moins de trois ans, confiés à l'Aide

sociale à l'Enfance (ex-Assistance publique). Sa maman avait pris la décision d'accoucher sous X. L'article 47 du Code de la Famille et de l'Aide sociale accorde à toute femme le droit de mettre au monde un enfant sans décliner son identité, afin d'assurer le secret de sa naissance. Cette disposition légale est appelée « accouchement sous X ». Les parents géniteurs disposent alors de trois mois pour se rétracter. Le nouveau-né devient ensuite pupille de l'Etat et adoptable après l'avis du conseil de famille.

Le bébé gardé jour et nuit dans une pouponnière, où interviennent puéricultrices, infirmières, est très bien traité ; la « maternante » joue le rôle de mère de substitution.

Philippe a vécu de nombreux traumatismes : séparé de sa mère, il a dû subir une première hospitalisation, puis une seconde à l'âge de quatre mois. Les pédiatres sont désemparés, car si les examens complémentaires s'avèrent normaux, cet enfant souffre pourtant. La médecine classique impuissante décide d'avoir recours à un psychanalyste. L'apport d'une telle thérapie à la pédiatrie est de plus en plus fréquente, surtout lorsqu'il s'agit de problèmes difficiles à résoudre. Les praticiens traditionnels s'y montrent de plus en plus ouverts. Ces psychiatres, spécialisés dans la psychopathologie des nourrissons, ont suivi une formation psychanalytique tant sur les adultes que sur les enfants. Leurs connaissances leur permettent de comprendre les processus de détresse au-delà de leur expression extérieure. Ils déchiffrent le vocabulaire du bébé. Or, pendant des années, nous ne lui avons attribué aucun sentiment, nous n'avons pas « écouté » son langage. Le nouveau-né existe, pense, entend, éprouve certaines douleurs bien plus qu'on ne l'imagine, et ce, bien avant la naissance, au stade fœtal.

Le psychanalyste appréhende ce qui a précédé les troubles actuels et remonte jusqu'avant la période de l'accouchement, à savoir sa vie intra-utérine. Au début de la séance, après qu'il ait consulté un dossier sur les antécédents personnels et familiaux du bébé, tandis que la « maternante » lui fournit des renseignements propres à éclairer le comportement de l'enfant, les contacts plus ou moins nombreux avec sa mère, les raisons de l'hospitalisation éventuelle. Puis, il s'exprime face au bébé comme s'il parlait à un adulte. Il est tout à fait surprenant, incroyable même de constater le niveau d'intelligence d'un nouveau-né alors qu'il ne maîtrise pas le langage.

Ici, la séance initiatique met l'accent sur un événement primordial de sa vie intra-utérine, quand sa mère, enceinte de quatre mois, souhaitait avorter et se tuer. Car c'est justement à quatre mois qu'il a été hospitalisé pour une altération de son état général. Il voulait mourir et menaçait dangereusement son psychisme.

Le psychanalyste évoque également la rupture avec sa mère. S'il lui explique qu'il ne la verra plus jamais, il souligne qu'elle l'aimera toujours et restera sa maman. Il évite ainsi les non-dits à l'origine de bien des symptômes. La séance autorise une interprétation des souffrances (les vomissements, les pleurs, la tristesse, le ralentissement, l'hypotonie).

D'autres signes très variés expriment aussi bien une difficulté psychologique d'un nourrisson : l'eczéma, l'asthme, les infections à répétition, la diarrhée, la constipation, les coliques, le retard de croissance. Ces manifestations physiques peuvent être la représentation des désordres psychiques, conséquences des expériences affligeantes passées.

Grâce à l'abord psychanalytique, l'état de notre sujet n'a pas empiré ; il a saisi ce qu'avait été sa vie jusqu'alors, qui était sa mère, pourquoi elle l'avait abandonné. Mais il est nécessaire de le suivre pour le conduire vers une adoption réussie, et, quoi qu'il en soit, on ne saurait préjuger de son avenir.

Reconnaître et déterminer les appels de souffrance d'un bébé, voilà qui facilite son développement. Les ignorer, en revanche, risque d'aboutir à une aggravation de son état général.

Un garçon dans le vent

A seize ans, Jérôme est un garçon sportif et sans problème. Avec sa silhouette athlétique et ses cheveux blonds coupés court, il a tout du teen-ager américain nourri aux corn-flakes, au lait vitaminé et au Coca-Cola. Rien, en fait, ne le distingue des adolescents de son âge et de son milieu social, sauf de petites lunettes rondes d'intellectuel un peu rêveur, qu'il doit à une légère myopie apparue à la puberté. Bien sûr, il porte l'incontournable uniforme réglementaire propre à ceux de sa génération : jean 501 et blouson de cuir Chevignon, sans oublier les indispensables bottes de biker à la Mickey Rourke. Et il affiche, pour rester dans le ton, une nonchalance calculée, teintée de juste ce qu'il faut d'insolence dans ses rapports avec les adultes, ses professeurs en particulier.

Elève de première scientifique au lycée La Fontaine à Paris, il n'a que la rue à traverser pour se rendre à ses cours. Ce qui ne l'empêche pas, bien évidemment, d'être régulièrement en retard et de franchir in extremis le porche de l'établissement avant la fermeture des portes. Il se fait même un point d'honneur à ne jamais arriver en avance. Il habite avec ses parents un vaste rez-de-jardin dans un bel immeuble haussmannien en pierre de taille dont les fenêtres arrondies, à doubles vantaux, s'ouvrent sur les bosquets un peu tristes du hameau Béranger. La décoration intérieure de l'appartement reflète le goût de son père pour les années 50 et sa fascination pour les Etats-Unis. Dans le salon moquetté de beige, d'anciennes étagères de boulanger, récupérées aux puces de Clignancourt, supportent un amoncellement de gadgets américains de cette époque, qui vont d'un poste de radio en forme de Cadillac rose à un authentique disque d'or d'Elvis Presley, en passant par une Betty Boop lumineuse du plus bel effet. La chambre de Jérôme se trouve au fond du couloir, face à la salle de bains. C'est un capharnaüm, soigneusement étudié, de raquettes de tennis, battes de base-ball et autres accessoires sportifs, au milieu duquel on ne manquera pas de reconnaître l'inévitable radiocassette laser, genre ghetto-blaster, et le non moins traditionnel micro-ordinateur Macintosh. La pile de CD posée à même le sol, où se mêlent, sans complexe, musique classique, compilations de techno, enregistrements de jazz et, bien sûr, le dernier opus des méchants Guns N'Roses, révélera à l'observateur attentif des goûts musicaux pour le moins hétéroclites.

Le père de Jérôme est scénariste pour la télévision et le cinéma. Il est coté dans son métier, et ne semble guère menacé par le chômage : pour tout dire, on lui propose plus de travail qu'il ne peut en fournir.

Il se targue de posséder un joli brin de plume, et a même publié deux romans, à forte connotation autobiographique, qui ont connu à leur parution un beau succès d'estime et sont en passe d'être adaptés pour le petit écran. Par ailleurs, il écrit régulièrement des critiques de disques de jazz qui paraissent dans les revues spécialisées à diffusion plus ou moins confidentielle. C'est un homme affable, plutôt débonnaire, mais qui cultive volontiers un humour décapant au second degré qui ne manque pas de déconcerter de prime abord. Les copains de Jérôme en font parfois les frais. Malgré sa chevelure prématurément blanchie et sa taille plutôt moyenne, il affiche un look juvénile que lui autorise une pratique assidue du tennis, du ski et de la plongée sous-marine. Sur ce plan-là, l'entente avec son fils est totale et, d'ailleurs, ils ont toujours été très proches l'un de l'autre.

Très différente est la mère de Jérôme. Rédactrice en chef d'un grand magazine féminin, elle est en permanence débordée. Elle court sans cesse d'un défilé de mode à une interview « très importante », d'une conférence de rédaction à un rendez-vous avec l'imprimeur, jurant qu'elle n'y arrivera jamais. Fort heureusement, elle s'en sort toujours. Car si elle est piètre femme d'intérieur, tout à fait capable d'enfourner dans la machine à laver les torchons de vaisselle avec les chemises en soie de son mari, elle fait preuve d'un remarquable sens de l'organisation en ce qui concerne son travail. Mais elle ne saurait, pour autant, être assimilée à une « working girl » à l'américaine, sacrifiant, sans état d'âme, sa vie privée à sa vie professionnelle. Au contraire, elle a appris à se ménager de longues plages de liberté qu'elle consacre à son mari et à son fils. C'est même la condition sine qua non pour elle de la poursuite de sa fiévreuse activité.

Enfant unique, Jérôme a donc toujours été choyé, entouré. Ce qui lui a permis de traverser sans trop de problèmes les eaux troubles de l'adolescence, et de poursuivre ses études sans vraiment se fatiguer. Certes, il n'a rien d'un génie mathématique ou d'un Rimbaud en herbe, mais il obtient des résultats honorables en dépit d'un dilettantisme qui confine parfois au « je-m'en-foutisme » et agace quelque peu ses professeurs. Ce qui, au demeurant, ne semble guère le perturber. Au tennis, c'est un peu la même chose. Il est indéniablement doué. Il est même classé. Mais il lui manque cette once de pugnacité et d'orgueil qui fait les vrais champions. Il s'intéresse à tant de choses qu'il lui est impossible de se concentrer sur une seule. Et à un an du baccalauréat, il ne sait toujours pas quelle voie choisir pour l'avenir.

Pour les vacances de printemps, Jérôme et ses parents partent à Tignes, dans les Alpes, comme ils en ont pris l'habitude depuis sept ou huit ans. Depuis qu'ils sont propriétaires d'un appartement de trois pièces au Val-Claret.

Ce hameau, construit de toutes pièces dans les années 70 et hérissé de tours incongrues à faire frémir les amoureux de la nature, a pour avantage essentiel d'être situé juste au pied des pistes : juste quelques pas suffisent, en sortant de chez soi, pour rejoindre les remontées mécaniques. Bref, on est ici au paradis du skieur moderne.

En cette fin du mois d'avril, le temps est exceptionnel. Un ciel d'un bleu profond et un soleil éclatant permettent de skier en tenue légère dès le matin, et de laisser pull-overs de laine et encombrantes doudounes ; l'idéal pour qui aime dévaler les pentes. A condition, toutefois, de se lever tôt et de profiter des pistes avant que la neige ne se transforme en soupe. Car, malgré l'altitude élevée de la station, à partir de 14 heures, la neige commence à fondre.

Dès son arrivée, Jérôme a retrouvé sa bande de copains habituels. Une armada de joyeux drilles qui sèment la terreur en surfant au milieu des débutants. Du coup, ses parents ne le voient guère de la journée et skient, de leur côté, de façon beaucoup plus décontractée.

Pourtant, le soir du quatrième jour, Jérôme rentre à l'appartement plus tôt qu'à l'accoutumée, en se plaignant de violents maux de tête. Sa mère, qui était en train de laver dans la kitchenette une salade verte achetée à prix d'or chez Fougères, le supermarché local, ne peut retenir une exclamation de surprise en le voyant. Son visage est tout rouge, ainsi que le haut de son dos et de son thorax. Le jeune garçon explique alors qu'il a skié torse nu sur le glacier de la Grande-Motte et qu'il a dû attraper un coup de soleil. Fort heureusement, il n'a apparemment pas de température. Ses parents l'envoient se coucher, après lui avoir fait avaler un comprimé d'aspirine effervescente. Comme ils ne sont jamais malades ni les uns ni les autres, c'est le seul médicament disponible dans l'armoire à pharmacie.

Mais le lendemain, au réveil, Jérôme ne paraît guère plus en forme. Son visage est boursouflé, et il prétend se sentir encore fatigué malgré les quatorze heures de sommeil qu'il vient de s'offrir d'affilée. Il encourage néanmoins ses parents à partir pour profiter de la neige du matin, et il affirme qu'il les retrouvera plus tard sur les pistes. Après avoir pris un bain et regardé distraitement la télévision, il a l'impression d'aller mieux. Sur le coup de 11 heures, il se décide à sortir à son tour. Il prend sa paire de skis et se dirige vers le télésiège qui monte au pic de Tovières. Mais il ne réussit à retrouver ni ses parents ni ses copains. Malgré le temps radieux, il n'éprouve aucun plaisir à être sur les pistes. Il a les jambes molles, comme en guimauve, et, au bout de trois descentes, il est proprement épuisé.

Il se dit que décidément ce n'est pas le jour, et qu'il est inutile d'insister : ça ira mieux demain. Il rentre à l'appartement, en traînant ses lourdes chaussures en plastique moulé. Mais, une fois arrivé, il n'a même pas le courage de se préparer un sandwich et s'endort tout habillé dans sa chambre dont la porte est restée ouverte sur le couloir.

A leur retour, en fin d'après-midi, après avoir déambulé dans les galeries marchandes et fait quelques courses pour le dîner, ses parents sont très surpris de le découvrir ainsi allongé sur son lit. Il s'est réveillé en entendant le bruit de la clé dans la serrure, mais s'avère incapable de se lever. Il se plaint maintenant d'avoir des courbatures et mal à la gorge. Son front est brûlant. Inquiète, sa mère se précipite chez le pharmacien pour acheter un thermomètre qui indique une forte fièvre. Elle appelle immédiatement le médecin de garde. Celui-ci, qui affiche avec ostentation un teint hâlé et un physique avantageux de moniteur de ski, diagnostique une insolation suivie d'une angine. Il prescrit des antibiotiques et du repos. A l'annonce de cette nouvelle, Jérôme paraît un peu déçu. Pour lui, les vacances semblent terminées ! Impossible de remonter sur les skis avant le départ, dans deux jours ! Il tente, malgré tout, de faire contre mauvaise fortune bon cœur et profite de cette période d'inactivité forcée pour s'avancer un peu dans son travail scolaire : après tout, l'épreuve anticipée de français, c'est dans deux mois à peine !

Quand Jérôme regagne Paris, il est totalement remis de son angine. Pourtant, au grand étonnement de ses parents, il a l'air de se traîner lamentablement. Comme si ce séjour à la montagne ne lui avait pas apporté le coup de fouet habituel. Le matin, il rechigne à se lever pour aller au lycée. Et, plus inquiétant encore, il déclare même forfait pour une compétition de tennis, le mercredi de la rentrée.

Sa mère attribue son état à la fatigue de fin d'année scolaire, et à l'angoisse de la date de l'examen qui approche. De plus, Jérôme a beaucoup grandi ces derniers temps : en un an, il a pris quinze bons centimètres et la dépasse désormais d'une tête. Une telle croissance l'aura forcément mis à plat. Elle lui administre donc des comprimés de vitamines à haute dose, additionnés d'un verre de vrai jus d'orange au petit déjeuner.

Ce régime hyperdynamisant finit par être bénéfique. Jérôme retrouve rapidement son entrain habituel. Un peu trop même, puisque ses pitreries en cours d'éducation physique lui valent trois jours d'exclusion assortis d'un avertissement sur le bulletin trimestriel. Mais qui songerait à le lui reprocher ? Pas son père, en tout cas, qui est plutôt rassuré de le voir reprendre du poil de la bête et renouer avec sa joie de vivre coutumière, serait-ce au prix de quelque insolence, au fond bien innocente. Et puis, lui-même, se souvient de ne pas avoir toujours été un élève modèle. Ce qui ne l'a pas empêché de réussir dans l'existence, au bout du compte.

Dans la foulée, Jérôme se remet à ses entraînements avec la régularité et le sérieux d'un sportif de haut niveau. Il remporte même un tournoi junior de tennis au stade Jean-Boin, à la porte d'Auteuil. De nouveau, les copains et les petites amies défilent dans l'appartement avec des allures de conspirateurs, s'enferment avec lui dans sa chambre des après-midi entiers, sous prétexte de travail studieux, mais avec la musique qui hurle à fond. Et le samedi, pas question de rester à la maison : c'est le rituel des sorties en boîtes et des rallyes, dont la préparation exige, à partir du vendredi soir, d'interminables conciliabules téléphoniques. Heureusement, il y a le lendemain pour récupérer : le jour du Seigneur, la grasse matinée est de rigueur. Il est de bon ton de ne pas émerger avant l'heure du déjeuner, en prétendant, évidemment, qu'on s'est défoncé comme une bête sur la piste de danse et qu'on était « mort de rire » toute la soirée.

Mais trois semaines après ses vacances aux sports d'hiver, un dimanche justement, Jérôme n'est toujours pas levé à midi, alors que son « plan » de la veille a, de son propre aveu, misérablement « foiré », et qu'il est resté à regarder la télévision dans le salon. Vers 13 heures, sa mère décide d'aller le réveiller. Elle a préparé un brunch, sa spécialité culinaire, et les pan-cakes commencent à refroidir. Elle frappe à la porte de la chambre : aucune réponse. Se serait-il absenté sans qu'elle s'en aperçoive ? Elle ouvre le battant avec précaution et glisse un œil dans l'entrebâillement. La pièce est plongée dans la pénombre. Le store vénitien de la fenêtre est baissé. Seul le cadran lumineux du radio-réveil, posé sur une pile de revues, éclaire le fouillis habituel. Jérôme semble dormir à poings fermés, même s'il se retourne à plusieurs reprises sur lui-même en quelques secondes, bousculant son oreiller et rejetant sa couette d'un énergique coup de pied. « Qu'est-ce qu'il est nerveux, se dit la jeune femme. Qu'il se repose encore un peu ! Après tout, c'est qu'il doit en avoir besoin. » Mais, à 14 heures 30, il n'a toujours pas émergé. Cette fois-ci, sa mère décide de le secouer. Elle ne peut tout de même pas le laisser ainsi tout le dimanche.

A son réveil, l'adolescent paraît surpris, désorienté, comme s'il ne s'attendait pas à se retrouver là, dans son lit, à une heure pareille. Il fixe sa montre d'un air hébété. Il finit néanmoins par se lever en maugréant, jurant qu'il ne s'est jamais senti aussi épuisé qu'aujourd'hui. Sans embrasser ses parents, sans même les saluer, il se dirige tout droit vers le réfrigérateur de la cuisine. Debout devant la table, il avale avec une rapidité incroyable un bol de céréales et un demi-paquet de sablés nantais. Puis repart se coucher sous prétexte d'être encore fatigué. Durant le court laps de temps qu'a duré son repas, il n'a pas desserré les lèvres, sinon pour râler parce qu'il n'y avait plus de sucre en poudre.

Quand ils entendent la porte de la chambre se refermer avec un claquement sec, ses parents se regardent, interloqués. Ils n'ont jamais vu leur fils, lui si ouvert et rigolard, plutôt du genre potache, dans un tel état d'abrutissement. Vraiment, il ne les a pas accoutumés à ce type de conduite.

Mais le plus surprenant c'est que, vers 20 heures, le scénario se reproduit, quasiment semblable. A l'appel de son père, Jérôme se lève en ronchonnant, puis, sans un mot, comme étourdi de sommeil, se rend à la cuisine et dévalise méthodiquement le contenu du réfrigérateur. Tout y passe, saucisson, jambon, fromage, yaourts et fruits, copieusement arrosés de Coca-Cola. En moins d'une demi-heure, il ingurgite l'équivalent de deux ou trois repas à lui tout seul, toujours en silence. Une fois repu, il s'essuie les lèvres avec un torchon et repart en titubant en sens inverse. Quelques minutes plus tard, il s'est rendormi. Un peu troublés, malgré tout, ses parents se persuadent que tout ira mieux le lendemain.

Mais, à 7 heures, ce lundi, Jérôme est incapable de se lever pour assister à ses cours. Sa mère téléphone au lycée afin de prévenir qu'il est souffrant. Puis, sur une impulsion, elle appelle sa secrétaire pour lui dire qu'aujourd'hui elle travaillera chez elle et qu'elle préférerait ne pas être dérangée, sauf en cas d'urgence. Son mari étant absent pour la journée, elle n'a pas envie de laisser son fils seul à la maison, dans l'état de prostration qui l'a envahi. Durant toute la matinée, elle a du mal à tromper son inquiétude, et peine à se concentrer sur ses dossiers. Décidément, elle ne s'explique pas l'attitude étrange de Jérôme.

Celui-ci apparaît enfin vers midi. En sortant de sa chambre, il est hagard. C'est tout juste s'il semble savoir qui il est et où il se trouve. Quand sa mère lui demande s'il se rend compte de l'heure, il la regarde, éberlué, comme si elle lui parlait en javanais. Manifestement, il n'a conscience ni de l'heure ni du jour. De toute façon, il ne daigne pas répondre à la moindre question. Comme la veille, il s'installe à la table de la cuisine et avale en un éclair une baguette entière et la quasi-totalité d'un poulet rôti qui était prévu pour le repas du soir. Il saisit le volatile à pleines mains, et mord directement dans la carcasse, sans sortir ni couverts ni assiette. Puis, après avoir bu deux grands verres de lait froid, il regagne son lit. Cette fois encore, il replonge quasi instantanément dans le sommeil, laissant la porte grande ouverte sur le corridor. L'épisode se renouvelle à trois reprises dans l'après-midi. La mère de Jérôme n'en revient pas. Il faut dire que tout ça est à peine croyable. Décontenancée, elle appelle son médecin qui promet de passer le soir-même.

Quand celui-ci débarque vers 20 heures, il surprend Jérôme en plein sommeil. L'adolescent lui semble un brin confus, comme hébété. Il révèle de réelles difficultés à s'exprimer. Et même s'il n'a pas de fièvre, il décide de le faire hospitaliser sur-le-champ, pour surveillance. Il craint une encéphalite.

A l'hôpital, Jérôme va subir une série d'examens : prise de sang, électro-encéphalogramme, scanner, ponction lombaire. Mais aucune anomalie n'en ressort. Apparemment, le jeune garçon est en pleine santé. Pourtant, quatre jours durant, il va dormir pratiquement vingt-quatre heures sur vingt-quatre, ne consentant à s'extirper du lit que pour les repas ou les consultations. Et même, pendant ces rares moments de veille, il reste comme plongé dans une sorte de torpeur somnambulique à laquelle rien ni personne ne parvient à l'arracher. Seule son attitude envers les infirmières est surprenante. Jérôme tente toujours de les caresser ou de les embrasser. Les médecins ne comprennent pas. Devant les parents de Jérôme, ils évoquent la possibilité d'une dépression, ou le début d'une maladie de type psychose. Mais une entrevue avec un psychiatre ne permet pas d'avancer plus loin sur cette voie : aux dires de ce dernier, l'adolescent ne souffrirait d'aucun problème psychiatrique particulier.

Puis, au matin du cinquième jour de son hospitalisation, la léthargie qui habitait Jérôme depuis le week-end précédent s'évanouit. Quand l'infirmière entre dans sa chambre, vers 8 heures, il est parfaitement éveillé et commence à plaisanter avec elle. Il ne tient pas en place et va chercher un chocolat chaud au distributeur automatique dans le couloir. C'est une véritable résurrection. Les médecins sont de plus en plus perplexes. Mais, faute de diagnostic, ils l'autorisent à sortir, recommandant cependant à ses parents une surveillance médicale régulière.

Le lundi suivant, Jérôme reprend ses cours au lycée La Fontaine, comme si de rien n'était. En dehors de quatre kilos supplémentaires, il ne conserve aucune séquelle apparente du mal étrange qui l'a terrassé pendant une semaine. Il retrouve son existence de lycéen ordinaire, alternant tournois de tennis, sorties en boîtes et bachotage intensif. Il est facilement admis en terminale C, malgré les écarts de conduite signalés sur son livret scolaire, et obtient des résultats plus qu'honorables à l'épreuve anticipée de français : 12 à l'écrit, 14 à l'oral.

Début juillet, il part pour Arcachon, chez sa grand-mère maternelle, Nanou, qu'il adore. Ses parents doivent l'y rejoindre en août : de là, ils iront passer une quinzaine de jours en Algarve, au sud du Portugal, où ils ont loué un petit voilier de croisière.

La maison d'Arcachon est en fait une immense villa de style anglais comme il n'en existe presque plus aujourd'hui — elles ont pour la plupart été victimes de l'appétit dévorant des promoteurs. Elle étale sur trois étages sa façade à colombage qui s'ouvre directement sur l'Océan et la dune du Pyla. L'intérieur, d'un luxe désuet, en est fort mal commode au regard des normes du confort moderne, mais offre quantité de recoins délicieux où il fait bon traîner avant ou après la plage. Sans compter le jardin en friche où se mêlent en un suave parfum, essences méditerranéennes et océaniques.

Cette propriété a toujours été le paradis de la liberté pour Jérôme. Chaque été, il se transforme en une sorte d'enfant sauvage sous le regard bienveillant et discret de Nanou. Dès le matin, il rejoint ses copains, les mêmes depuis l'enfance, et reste toute la journée avec eux, à jouer au tennis chez l'un ou chez l'autre, à surfer sur les vagues, à se baigner, à faire de la voile, ne rentrant souvent que pour les repas, et rarement seul. Mais Nanou s'en fiche, elle a toujours des réserves au garde-manger.

Quelques jours après son arrivée, au soir d'un superbe après-midi d'été, Jérôme a attrapé un sacré coup de soleil sur le nez. Il a un peu mal à la gorge. Il se laisse dorloter par Nanou, qui lui prépare une aspirine et une tisane. Puis, épuisé par sa journée au grand air, il monte se coucher juste après le dîner. Le lendemain, il va déjà beaucoup mieux et, dès 10 heures, il est au tennis avec ses amis. Apparemment, l'alerte a été de courte durée.

Mais, trois jours plus tard, c'est la rechute. Quand sa grand-mère lui monte son petit déjeuner sur un plateau, Jérôme n'ouvre même pas les yeux. Il ne se réveille que dans le milieu de l'après-midi, alors que le soleil est déjà sur son déclin. Et c'est pour se précipiter aussitôt sur le réfrigérateur, en avalant pêle-mêle tout ce qui lui tombe sous la dent, y compris un gratin de pâtes qu'il ne prend même pas la peine de réchauffer. Une fois son festin achevé, il regagne son lit et se rendort aussitôt. Nanou, qui n'est pourtant pas femme à s'inquiéter pour rien, se demande ce qu'il se passe. Elle a surtout été frappée par les yeux tristes, désemparés, de son petit-fils, et par son mutisme tout à fait incongru. Lui, d'habitude si gentil, si attentionné, a à peine semblé la voir. Elle songe d'abord à téléphoner à sa fille, puis réalise qu'elle est partie à New York avec son mari pour le week-end du 14-Juillet. Faute de mieux, et par précaution, elle décide alors d'appeler le médecin.

Le vieil homme, qui ne doit plus être très loin de la retraite, trouve Jérôme très fatigué, mais en dehors de ça, ne constate aucun problème ; son examen clinique est normal.

A part du repos, il ne sait trop que conseiller d'autre. Il prescrit tout de même une prise de sang et demande à Nanou de l'avertir sur-le-champ si elle devait constater une aggravation. Mais, en fait, pendant quatre jours, l'état de Jérôme reste stationnaire. Il dort beaucoup, mange goulûment, à intervalles irréguliers, et parle très peu, tenant parfois des propos plus ou moins incohérents. Nanou, de plus en plus inquiète, le veille avec constance. Elle commence à paniquer. Au matin du cinquième jour, elle rappelle son médecin : ça ne peut plus durer, il faut faire quelque chose, l'emmener à l'hôpital, procéder à des examens approfondis.

Mais, quand le médecin arrive à 10 heures du matin, au volant de son antique 203, Jérôme est assis à la table de la cuisine devant un grand bol de chocolat. Il bavarde joyeusement avec sa grand-mère et projette d'aller passer une journée au cap Fréhel avec ses copains. A l'évidence, il est parfaitement remis. Le vieux praticien est perplexe. Bien sûr, il est plutôt rassuré de constater que l'adolescent est dans d'excellentes dispositions. Mais il aimerait comprendre. D'autant qu'il a reçu les résultats de la prise de sang qui sont normaux. Il signale à Nanou qu'elle doit néanmoins le prévenir à la moindre récidive.

Mais, Dieu merci, cela ne sera pas nécessaire. En effet, Jérôme reprend, dans les jours qui suivent, ses virées avec ses camarades, et ses parents le trouvent en pleine forme, bronzé, éclatant de santé, quand ils atteignent Arcachon le 1er août. Comme prévu, ils partent pour le Portugal, et le reste des vacances se déroule sans anicroche, si l'on excepte les émois amoureux propres à l'adolescence. Tant et si bien qu'à la rentrée, les épisodes difficiles du printemps et du début de l'été s'estompent comme de lointains souvenirs que l'on va bientôt oublier.

Pourtant, à la veille des congés de la Toussaint, Jérôme connaît tout à coup un nouvel accès de fatigue et d'endormissement. Mais celui-ci s'accompagne, cette fois-ci, d'une forte agressivité et de gestes pour le moins surprenants : l'adolescent se risque même, par exemple, à caresser les seins de sa mère en la traitant de « traînée » ! Sur les conseils de son pédiatre, il est alors hospitalisé dans un service de neurologie. C'est là que l'on découvre enfin la raison de son déconcertant comportement : il est atteint de la maladie de Kleine Levin.

Diagnostic

La maladie de Kleine Levin est une pathologie rare, peu connue des médecins, qui se situe aux frontières de la neurologie et de la psychiatrie. Elle fut mise en évidence, en 1925 et 1929, par les docteurs Willi Kleine et Max Levin.

Elle touche l'adolescent (environ entre quatorze et quinze ans), et plus particulièrement les garçons, et entraîne une hypersomnie (augmentation du temps de sommeil).

Chaque accès dure d'une journée à plusieurs semaines. Les intervalles entre les crises sont variables et vont de un mois jusqu'à un an et même plus. Il se peut aussi que la phase critique n'apparaisse seulement que deux fois dans toute la vie. L'état du patient est tout à fait normal en dehors de ces poussées. L'évolution est plutôt positive, car si les crises surviennent de façon répétée après la première, elles ont tendance à s'espacer et à disparaître par la suite. Aucun antécédent familial pas plus que personnel ne permet de présumer du déclenchement de ce syndrome.

L'hypersomnie constitue la caractéristique principale : le sujet est capable de dormir toute la journée, et de ne se lever que pour manger et aller aux toilettes. Le réveil est toujours difficile et provoque parfois une nette irritabilité. Le sommeil en revanche est calme mais ponctué de fréquents mouvements corporels.

Mise à part cette tendance irrépressible à l'endormissement, l'examen du sujet ne révèle rien, et les explorations complémentaires, électro-encéphalogramme, scanner, bilan sanguin confirment cette normalité ou ne donnent aucune indication. Une boulimie s'associe souvent à l'hypersomnie, mais n'est pas indispensable au diagnostic. Le patient mange avec excès, dévalise le réfrigérateur de façon automatique et dévore sans vraiment avoir faim.

Il éprouve le besoin d'engloutir tout ce qui lui tombe sous la main, privilégie la viande et les sucreries, la quantité à la qualité, et peut grossir de dix à vingt kilos en deux ou trois crises.

Des troubles du comportement surgissent parfois pendant les moments de veille, ou juste avant ou après les accès. Se manifestent alors une légère confusion, une désorientation temporo-spatiale (le sujet ne sait plus où il se trouve, ne se souvient pas de ce qu'il s'est passé, ignore l'heure qu'il est). Il a l'air de sortir d'un rêve. Notons aussi une agressivité courante, des phénomènes hallucinatoires, visuels ou auditifs, des propos incohérents, des actes inadaptés (écrire sur ses pieds, uriner dans ses chaussures), des phases maniaques (rire intempestif pendant deux heures, par exemple), un délire mégalomaniaque (se prendre pour le roi). Ces dysfonctionnements sont à l'origine de la difficulté à établir un diagnostic correct, car ils orientent les médecins vers d'autres maladies neurologiques ou psychiatriques.

Une autre caractéristique de cette affection, et que l'on rencontre dans de nombreux cas, concerne les dérèglements de l'attitude face à la sexualité. Pendant la crise, le sujet déploie une absence totale de pudeur et d'inhibition, qui contraste avec sa réserve habituelle, une violence sadique, des épisodes d'attouchements, d'avances, de masturbations publiques, tout cela sans aucune discrimination dans le choix sexuel ; soulignons aussi le caractère incestueux de ces désordres qui perturbent beaucoup les mères et motivent leur demande de consultation.

La phase critique s'achève la plupart du temps d'une façon brutale (mais il est possible que la fin s'étale sur plusieurs jours), et laisse alors la place à une période d'euphorie, d'excitation ou de dépression. Près d'une fois sur deux, on détermine l'existence d'une infection virale, mal définie dans les jours ou les semaines qui précèdent l'accès, à moins qu'il ne s'agisse d'une insolation, d'un traumatisme crânien, d'une vaccination, d'un grand stress.

Les signes de cette maladie égarent les médecins qui doivent d'abord éliminer l'éventualité d'une tumeur cérébrale, d'une encéphalite, d'un dérèglement endocrinien, d'une intoxication médicamenteuse, d'un accident vasculaire ou d'une maladie psychiatrique débutante.

Ses mécanismes sont encore obscurs, car on a réalisé fort peu d'études face aux rares cas dénombrés.

Plusieurs hypothèses sont actuellement à disposition :

— Un dysfonctionnement du système mésencéphalo-hypothalamo-limbique[1].

— Une encéphalite légère qui survient souvent à la suite d'une infection virale.

— Une maladie psychiatrique.

Aucune thérapeutique par la pharmacopée traditionnelle ne semble encore s'imposer. Les questions restent très ouvertes. Faut-il traiter les crises ? Faut-il prévenir l'apparition d'autres phases critiques ? Il n'y a pas de réponse universelle. Chacune dépend de l'importance et du nombre plus au moins répétitif des accès et de leurs conséquences plus ou moins invalidantes.

Il est intéressant de noter une forme très proche de cette maladie, « l'hypersomnie périodique de la jeune fille liée aux

1. Eléments du système nerveux central.

règles ». Elle débute parfois dès la formation ou un peu plus tardivement, avec des durées de sommeil excessives se répétant irrégulièrement à chaque cycle. Des troubles de l'alimentation, du comportement et de la sexualité s'y surajoutent.

On repère cette affection, rare il faut le reconnaître, souvent avec beaucoup de retard, parfois six ans après l'apparition des premiers signes déterminants. C'est la méconnaissance de ce syndrome, et surtout les divers désordres comportementaux qui rendent ce diagnostic difficile et qui entraînent les médecins sur la piste psychotique (manie, hystérie, agression ou schizophrénie).

Mais cette erreur n'est jamais tragique et ses conséquences minimes. En effet, à ce jour, aucun traitement réellement efficace n'a encore été déterminé, et les signes de cette maladie ont tendance à régresser avec le temps.

Une dame si tranquille

Le 10 juin 1981, vers 23 h 30, Françoise Bonnot se présente aux urgences de l'hôpital Saint-Antoine, dans le XIIe arrondissement de Paris. Elle se plaint d'une douleur abdominale aiguë apparue la veille, mais qui a, depuis, terriblement augmenté au point de devenir quasiment insoutenable. A son arrivée dans le hall d'admission, elle a failli s'évanouir. Un brancardier qui passait par là l'a rattrapée in extremis au moment où elle allait s'effondrer, et l'a conduite jusqu'à un fauteuil de la salle d'attente, face au bureau des infirmières. C'est lui qui s'est chargé des formalités d'enregistrement. La malade peine manifestement à répondre aux questions d'usage : nom, prénom, âge, domicile, antécédents médicaux, etc. Les renseignements qu'elle donne sont hachés, entrecoupés de grimaces de douleur. Son visage est marqué, des cernes noirâtres soulignent son regard épuisé. Des gouttes de sueur perlent sur son front. Enveloppée dans un coupe-vent bon marché, elle tressaille à plusieurs reprises comme si elle avait froid. Elle est secouée de frémissements incontrôlés.

« La fièvre, conclut l'infirmière venue à la rescousse, on va vous envoyer quelqu'un rapidement ».

Du dehors, on perçoit les flonflons assourdis de la première Fête de la Musique, à chaque fois que la porte vitrée automatique s'ouvre sur un nouveau malade. Toute la rue Saint-Antoine est en émoi. Pour un peu, on se croirait au 14-Juillet. Dans les cours privées, les artisans ont accroché des lampions multicolores, et on danse partout au son des accordéons, des guitares ou des pianos descendus des étages. Une foule interlope, où se mêlent artistes, ouvriers, jeunes zonards et lycéens en rupture de ban, vague bruyamment d'un lieu à l'autre, en quête du meilleur concert, de l'âme sœur ou tout simplement d'un bon verre de vin. Il règne sur Paris ce soir-là une atmosphère inhabituelle, teintée d'euphorie, de joie de vivre, et sans doute d'espoir. Dans les vieux quartiers comme celui-ci, entre l'avenue Ledru-Rollin et la place de la Nation, autour de la place d'Aligre ou du square Faidherbe-Chaligny, on retrouve pour une nuit, un goût de kermesse qui n'est pas sans rappeler aux plus anciens les bals du Front populaire, au printemps 1936.

Mais à l'hôpital, dans le hall des urgences, la fête n'est qu'un écho lointain, à peine audible. C'est une tout autre musique qui s'impose ici, dans ce lieu qui rassemble une sorte d'échantillonnage hétéroclite des maux du monde moderne. Comme chaque nuit, le personnel, toujours insuffisant, est sur la brèche. Infirmiers, médecins, brancardiers, ambulanciers se croisent et se recroisent en un ballet ininterrompu, apparemment indifférents aux mains qui se tendent vers eux pour les happer au passage, aux hurlements, aux injonctions qui s'élèvent de tous côtés. Il faut dire qu'au lot habituel d'accidentés en tout genre s'ajoutent, ce soir-là, quantité de soûlards, d'adolescents en coma éthylique ou de camés au bord de l'overdose, qui achèvent de donner une impression de Cour des Miracles.

Pendant plus d'une heure, Françoise Bonnot reste là sur son siège, seule, comme abandonnée de tous. A intervalles réguliers, elle pousse un cri étouffé, se recroqueville sur elle-même, serrant très fort ses bras sur son ventre douloureux. Puis elle se relâche et sombre alors dans une sorte d'hébétude, le regard perdu, fixant sans les voir les affiches de prévention punaisées au mur. Elle n'ose pas bouger, dans la crainte d'une nouvelle crise, d'une crampe encore plus terrible. Personne ne semble faire attention à elle. Dans la cohue générale, on l'aura oubliée, pense-t-elle. Alors qu'elle tente de se lever pour se renseigner, un spasme fulgurant la plie en deux. Elle ne peut retenir un hurlement qui, d'un seul coup, plonge la salle dans le silence. Tout le monde la regarde.

L'interne de garde arrive enfin. Il lui pose rapidement quelques questions auxquelles elle tente de répondre avec le plus de précisions possible. Oui, elle est venue seule par le métro, elle est divorcée, et la plus jeune de ses filles, qui vit avec elle, est sortie avec des copains. Non, elle n'a jamais eu ce genre de symptôme auparavant. Quand cela a-t-il commencé ? Hier soir, après le dîner, pendant qu'elle faisait la vaisselle. Une douleur imprécise, lancinante. Elle a voulu aller aux toilettes. Mais ça n'a servi à rien. Ni ce matin non plus. Non, rien depuis hier soir. Aujourd'hui, elle a été obligée de quitter son travail avant l'heure, tellement elle avait mal. C'est une de ses collègues qui s'est chargée de tout. Et puis, quand elle a senti qu'elle souffrait de plus en plus, que c'était de plus en plus violent, elle a pris peur. Elle a laissé un mot à sa fille pour ne pas qu'elle s'inquiète, et elle est partie.

Aux termes d'un examen sommaire pratiqué dans un cabinet attenant, le jeune médecin hésite encore. Il passe la main sur sa barbe naissante, essuie consciencieusement ses lunettes, tandis que sa patiente se rhabille avec lenteur. De toute évidence, il est perplexe : les signes ne sont pas francs, l'abdomen bien que douloureux dans la fosse iliaque droite est souple au toucher, la température à peine au-dessus de la normale, et le reste de l'auscultation ne révèle aucune autre anomalie. Par précaution, il ordonne une prise de sang. Celle-ci fait ressortir un léger syndrome inflammatoire et semble confirmer son diagnostic : il s'agit probablement d'une crise d'appendicite.

Françoise Bonnot est opérée dans la nuit. Le lendemain matin, elle se réveille sans problème. Tout au plus a-t-elle la bouche un peu pâteuse à la suite de l'anesthésie. Elle se sent beaucoup mieux. Et, en dehors du léger tiraillement de la cicatrice, ses douleurs au ventre ont complètement disparu. Elle réclame à manger. Mais l'infirmière de garde, une plantureuse Antillaise à la démarche chaloupée, se contente de lui apporter un verre d'eau et un sédatif : pour le moment, elle n'a droit à rien d'autre, il faut attendre la visite du médecin.

Celui-ci passe en coup de vent aux environs de 11 heures. Il jette un regard rapide sur la courbe des températures accrochée au bout du lit, et informe la malade qu'elle n'a aucun souci à se faire, que son état n'inspire aucune inquiétude et qu'on ne la gardera pas longtemps.

« Votre appendice, lui dit-il, était parfaitement sain. Vous avez sans doute été victime d'une très forte crise de colite et, comme cela arrive fréquemment, on a cru à une appendicite. Mais désormais, tout est rentré dans l'ordre, n'est-ce pas ? Allez, après tout, ça vaut mieux comme ça. »

L'homme paraît pourtant un peu gêné. Il craint sans doute une réaction de colère de sa patiente : pensez donc, apprendre qu'on a été opéré pour rien, il y a de quoi s'indigner ! Mais, contre toute attente, Françoise Bonnot semble accepter la chose avec philosophie, voire avec indifférence. Elle se contente de sourire benoîtement et de demander son repas. On chercherait en vain la moindre trace de reproche sur son visage. Elle affiche à l'inverse la plus parfaite sérénité comme le veut la tradition bouddhiste. Le chirurgien est manifestement soulagé, et c'est à peine s'il s'étonne de ce qu'il considère, au bout du compte, comme une marque de confiance inébranlable dans le corps médical. « Une âme simple, voilà tout », songe-t-il en se dirigeant vers le lit suivant.

Durant son court séjour à Saint-Antoine, Françoise Bonnot offre l'image de la malade exemplaire. Les infirmières l'adorent. Elle ne rechigne jamais aux soins, et c'est un plaisir que de la voir dévorer les repas, pourtant insipides, de l'hôpital. Elle s'offre même à aider pour le ménage, et se fâche presque quand on lui dit qu'il n'en est pas question, et qu'elle est là pour se reposer. Son rétablissement est spectaculaire. Si bien qu'au bout de quatre jours, elle est autorisée à rentrer chez elle. Elle embrasse tout le monde avant de partir : ça a été de vraies vacances affirme-t-elle à qui veut l'entendre. Pour un peu, elle regretterait de devoir déjà s'en aller. Pour sûr, une patiente comme ça, on n'est pas prêt de l'oublier dans le service !

A sa sortie, sa fille est là pour l'accueillir. C'est une petite brunette insignifiante et effacée, attifée d'un jean informe et du T.-shirt Chevignon godaillant qui constituent la panoplie incontournable des jeunes de sa génération. A seize ans, elle prépare laborieusement un B.E.P. vente au lycée d'enseignement professionnel de Pantin. C'est là qu'elle habite avec sa mère, depuis le divorce de ses parents, dans un immeuble vétuste mais bien tenu, face au nouveau centre commercial baptisé, par on ne sait quelle aberration, « Vert-Pantin ». Car, en fait de verdure, le béton a envahi, ces dernières années, l'environnement avec la rapidité d'un raz de marée.

Du vieux village et de ses ruelles du siècle dernier, ne subsistent guère que quelques îlots anachroniques, dont celui où Murielle et Françoise Bonnot ont trouvé refuge, dans un trois pièces exigu et sans confort certes, mais à la propreté méticuleuse.

Lorsqu'elles émergent du métro, à la station Hoche, Françoise propose à sa fille d'aller faire un peu de lèche-vitrines dans les galeries commerçantes. Mais celle-ci ne se montre pas très enthousiaste et préfère rentrer. La mère n'insiste pas. Elle connaît le caractère ombrageux de sa cadette, et ne se formalise plus, depuis longtemps, de ses refus catégoriques ou de ses remarques péremptoires : « La pauvre gamine, c'est qu'elle n'a pas eu la vie facile ». Agée de quatorze ans au moment du divorce de ses parents, elle en avait été fortement perturbée. Ses résultats scolaires, honnêtes jusqu'alors, s'étaient dégradés, au point qu'en fin de troisième, il avait fallu envisager une réorientation en cycle court. Surtout, ce qu'elle n'avait pas supporté, c'est d'être alors l'enjeu de cette séparation. On avait même parlé d'inceste à l'époque entre son père et elle. Murielle n'avait jamais nié, ni vraiment confirmé, se bornant à donner des réponses évasives aux questions posées par les magistrats et les avocats. Mais depuis lors, elle s'était repliée sur elle-même, passant le plus clair de son temps libre dans sa chambre, allongée sur son lit, le baladeur vissé aux oreilles. Elle n'entretenait avec sa mère qu'une communication épisodique, limitée le plus souvent aux affaires domestiques. Une psychologue scolaire, consultée au plus fort de cette crise, avait évoqué une forme de culpabilité qui s'estomperait avec le temps, sans doute. Mais, manifestement, deux ans après, la plaie n'était pas encore refermée.

De retour chez elle, Françoise se lance aussitôt dans une intense activité ménagère : la lessive, l'aspirateur, la vaisselle qui s'est entassée dans l'évier pendant son absence, tout y passe. Elle se sent saisie, d'un seul coup, d'une irrépressible envie de nettoyage, songeant même un instant à refaire les peintures de l'appartement. Tandis qu'elle vaque à ses occupations, elle revit mentalement les deux dernières années de sa vie. Pour elle non plus, ça n'avait pas été simple. Se retrouver seule à quarante-six ans, avec une fille à charge, affronter les problèmes de logement, d'emploi, d'éducation, elle n'aurait jamais pensé y arriver. Mais avait-elle eu le choix ? Avec son mari, l'existence était devenue impossible. Alcoolique notoire, il la battait très souvent. Longtemps, pour ses enfants, elle avait tout accepté. Puis, un beau jour, elle avait craqué et cela s'était soldé par une tentative de suicide qui lui avait valu trois semaines d'hospitalisation. C'est d'ailleurs pendant cette période que Georges Bonnot aurait abusé de Murielle. En rentrant de l'hôpital, elle avait perçu l'évident malaise de sa fille. C'est ce qui l'avait décidée à franchir le pas et à demander le divorce. En quelques semaines, déployant une énergie hors du commun dont elle même ne se serait pas cru capable, elle avait trouvé du travail, déniché un appartement, recouvré son indépendance.

Tout en récurant sa cuisine, Françoise se dit que vraiment, elle ne regrette rien. D'ailleurs, et ce n'est pas la moindre de ses satisfactions, ses trois aînés, deux garçons et une fille, lui ont donné raison contre leur père. La seule chose qu'elle déplore est de ne pas les voir assez souvent : « Ça aiderait peut-être la petite dernière à surmonter ses difficultés ».

Après quelques jours de convalescence, et un ultime examen de contrôle à Saint-Antoine, Françoise reprend son travail. Elle est femme de service, technicienne de surface, au centre scolaire de la rue Tandou, dans le XIXe arrondissement de Paris, à trois stations de métro de chez elle. Elle semble retrouver avec plaisir une tâche pourtant ingrate. Ses collègues, surtout, lui ont manqué : des femmes de son âge, pour la plupart, avec qui elle aime plaisanter, papoter, échanger des recettes de cuisine ou des adresses de soldeurs. Apparemment, elle ne garde aucune séquelle de son opération : jamais elle ne s'est sentie aussi bien, aussi en forme. Tout cela n'aura donc été qu'un épisode fâcheux, appelé à être très vite oublié.

Mais le 25 novembre 1981, une nouvelle crise conduit Françoise Bonnot aux urgences de l'hôpital Hérold, disparu depuis, mais dont l'entrée monumentale dominait alors la ravissante petite place Rhin-et-Danube. Cette fois encore, elle arrive seule. Elle explique à l'infirmière de garde qu'elle a été prise brutalement de violentes douleurs au ventre, alors qu'elle s'apprêtait à ouvrir une bouteille de champagne pour fêter son anniversaire avec une voisine. Tout en remplissant un formulaire d'admission, elle se cramponne au comptoir de réception. Elle paraît au bord de l'évanouissement. L'infirmière, qui en a pourtant vu d'autres, ne peut masquer son inquiétude : à l'évidence, cette femme va très mal. Son visage est d'une pâleur extrême, ses traits sont tirés, des traînées de sueur dégoulinent de ses tempes. Elle a des difficultés à parler, son débit est haché. Elle s'interrompt à plusieurs reprises pour plaquer ses mains sur son abdomen, en proie, semble-t-il, à des crispations spasmodiques qui lui coupent le souffle.

Une aide soignante, appelée en renfort, entraîne immédiatement Françoise auprès du médecin de garde ce soir-là. Par chance, on est en semaine, et le service n'est pas surchargé. Le praticien, un professionnel chevronné d'une quarantaine d'années, dont le physique rondouillard inspire la confiance, procède aussitôt à un premier examen : le ventre de la patiente est certes très gonflé, très douloureux, encore que l'abdomen reste souple au toucher. Allongée sur la table, hâtivement recouverte d'un drap, Françoise Bonnot lui raconte qu'elle a vomi plusieurs fois le matin. Quand il lui demande si elle n'a pas de problèmes pour aller aux toilettes, elle lui répond qu'elle est constipée depuis cinq jours.

Un rapide interrogatoire lui apprend que la malade a été opérée alors qu'on soupçonnait une appendicite cinq mois plus tôt. Pour le docteur, ce tableau clinique n'inspire aucun doute : il évoque, sans ambiguïté possible, une urgence abdominale, l'occlusion intestinale. Il faut intervenir au plus vite, et chirurgicalement.

Françoise Bonnot est donc opérée une seconde fois. Le chirurgien découvre alors une adhérence intestinale droite qui le laisse perplexe : peu importante, celle-ci ne saurait expliquer totalement le syndrome abdominal aigu de sa patiente, et les douleurs fulgurantes dont elle se plaint.

A son réveil, Françoise est d'une humeur détestable, ce qui ne lui ressemble guère. Elle entre dans une terrible colère contre l'infirmière qui refuse de lui apporter le petit déjeuner auquel elle estime avoir droit. A 14 heures, quand le chirurgien vient pour la visite, elle l'envoie carrément balader, et refuse obstinément de répondre à ses questions. Elle exige qu'on l'autorise à sortir sur-le-champ. Bien sûr, le médecin n'est pas d'accord : il tente de la raisonner, lui expose les risques d'un départ prématuré, au lendemain du choc opératoire qu'elle a subi. Mais Françoise est sourde à ses arguments. Elle devient grossière, pour ne pas dire ordurière, s'attaquant, en outre, à l'incompétence des médecins incapables de la guérir. A force de tempêter, elle obtient de signer une décharge administrative. Elle peut ainsi quitter l'hôpital contre tout avis médical.

Le lendemain, Françoise Bonnot se remet au travail comme si de rien n'était. Elle justifie son absence de la veille en évoquant une simple crise de foie. Personne ne songe à lui en demander plus.

Pendant quelques mois, aucun nouvel incident ne vient interrompre son train-train quotidien de mère célibataire : le boulot, les courses, le ménage, la lessive, les soirées devant la télé occupent tout son temps, et ne lui laissent guère l'occasion de réfléchir sur elle-même, encore moins de s'apitoyer sur son sort.

Pendant les fêtes de fin d'année, Françoise assure la permanence au groupe scolaire. Depuis deux ans, c'est devenu une tradition : elle est la seule à ne pas refuser. Ses collègues l'ont chaleureusement remerciée de se dévouer une fois encore. Mais, pour Françoise, il ne s'agit que d'un bien petit sacrifice : elle a en horreur cette période de réjouissances, surtout maintenant que ses enfants sont loin. Elle passe donc les réveillons en tête à tête avec la télé, et cela ne la gêne guère. Murielle est chez sa sœur, à Limoges, pour toute la durée des congés, et le soir du 31 décembre, Françoise sabre seule le champagne tandis qu'un concert de Klaxons s'élève de l'avenue Jean-Lolive.

En février, pourtant, elle décide d'aller passer quelques jours chez sa sœur Gisèle, qui est nourrice à Lyon. Elle aussi est divorcée. Elle l'attend sur le quai de la gare à son arrivée. Elles vont directement dîner dans un restaurant de la vieille ville. Elles optent toutes deux pour le traditionnel saucisson chaud arrosé d'un petit côtes-du-rhône en carafe. Le repas se prolonge jusqu'à minuit tant elles ont de choses à se raconter, car cela fait bien un an qu'elles ne se sont pas vues. Elles rentrent à pied jusqu'au domicile de Gisèle, rigolant comme deux collégiennes en dévalant les traboules qui descendent vers les quais de la Saône.

Mais, au lendemain de cette soirée mémorable, le 22 février 1982 pour être précis, Françoise est victime d'un malaise. Après une courte promenade sur la place Bellecourt, elle s'effondre sans connaissance dans l'entrée de l'immeuble où habite sa sœur. Alertée par le bruit de la chute, la concierge sort de sa loge et la découvre allongée par terre, les yeux révulsés, de la bave aux commissures des lèvres. Ses membres inférieurs sont agités de mouvements violents, saccadés, tout son corps se tord comme sous l'effet de décharges électriques. La vieille femme, impressionnée, prévient Gisèle qui appelle aussitôt le S.A.M.U.

Quand les ambulanciers arrivent, dix minutes plus tard, Françoise a repris connaissance. Mais elle est sans force, incapable de se relever. Elle dit qu'elle ne comprend pas son malaise. Tout allait bien, et d'un seul coup, elle s'est sentie tomber. Après, elle ne se souvient plus de rien.

Sa sœur la convainc de se laisser conduire au C.H.U. Edouard-Herriot. Les médecins suspectent une crise d'épilepsie. Ils lui font subir toute une série d'examens, prises de sang, radio du crâne, électro-encéphalogramme, etc. Mais tous les tests s'avèrent négatifs : Françoise présente un bilan normal pour une femme de son âge. Au bout de trois jours d'hospitalisation, alors qu'elle n'a été victime d'aucune rechute ni de nouvelle crise, on l'autorise à sortir. On lui conseille cependant de consulter régulièrement son médecin pour surveiller que tout va bien. Ce qu'elle s'empresse d'oublier dès son retour à Paris...

La fin de l'année scolaire se déroule sans encombre. Murielle obtient haut la main son passage en deuxième année de B.E.P., avec les félicitations du conseil de classe. Françoise est contente : manifestement, sa fille a surmonté ses problèmes. Dès qu'elle apprend son admission dans la classe supérieure, sans même attendre la fin officielle des cours, elle part pour Limoges où elle s'est fait des copains lors des vacances précédentes. Sa mère a même cru comprendre, au vu de courriers répétés, qu'elle y avait un petit ami.

Rue Tandou, c'est le grand nettoyage avant la fermeture estivale. On lessive les murs, on nettoie les vitres, on passe les tables au papier de verre, bref on s'attaque à tout ce qui avait été plus ou moins négligé le reste de l'année. Françoise aime bien ces gros travaux, elle s'y adonne à plein, trouvant sans cesse de nouvelles choses à briquer, sous les huées amusées de ses collègues.

Mais le 18 juillet 1982, en milieu d'après-midi, elle est une nouvelle fois la proie de violentes douleurs abdominales. Saisie de vomissement soudains, elle est obligée de quitter son travail. Elle prend l'autobus en direction de l'hôpital Bichat. Pendant le trajet, les élancements deviennent insoutenables. Elle retient à grand-peine ses hurlements. Quand elle arrive aux urgences, ses vêtements sont trempés de sueur. Elle est en nage. Elle ne peut réprimer un autre accès de vomissement, de la bile qu'elle tente en vain de contenir dans son mouchoir. Compte tenu de ses antécédents médicaux, qu'elle a sommairement résumés à son arrivée, on décide de l'opérer sans délai, présumant une occlusion.

L'intervention se déroule sans problème. Elle révèle une adhérence du côlon jusqu'alors passée inaperçue. Mais le chirurgien a encore des doutes : comment quelque chose d'aussi bénin peut-il provoquer une crise d'une telle ampleur ? Non, décidément, il ne comprend pas. Il propose alors à sa patiente des examens complémentaires. Mais celle-ci s'y oppose avec virulence. Elle entre même dans une fureur noire contre ces médecins qui ne lui sont d'aucune aide. Tant et si bien que lorsqu'elle exige de quitter l'hôpital sur-le-champ, personne ne le lui interdit : on se borne à lui faire signer l'habituelle décharge administrative stipulant qu'elle part de son plein gré et contre tout avis médical.

A la suite de cette opération, Françoise Bonnot cesse pendant près d'un an tout contact avec le corps médical. Jusqu'au 4 mars 1983, précisément. Ce jour-là, en plein après-midi, elle se présente aux urgences de l'hôpital de Saint-Germain-en-Laye. Elle prétend venir de chez sa fille Christiane dont elle gardait exceptionnellement les enfants. L'interne qui l'examine est impressionné par ses vomissements importants accompagnés, si l'on peut dire, d'une diarrhée sanglante. Il décide de l'hospitaliser pour surveillance et bilan.

Pendant dix jours, Françoise reste là sans recevoir aucune visite. Elle subit une bonne dizaine d'examens, radio, échographie, TOGD[1], prise de sang, fibroscopie[2]... Tous les résultats sont normaux. Mais à la différence de ses dernières hospitalisations, elle se montre cette fois d'une patience angélique.

Mieux, elle semble plutôt contente de voir qu'on s'occupe d'elle avec autant de diligence. Et elle ne manifeste pas la moindre inquiétude : que l'on trouve ou non la cause de ses saignements paraît être le cadet de ses soucis. Quand elle est enfin autorisée à sortir, sans qu'on n'ait pu déterminer l'origine de ses malaises, elle remercie tout le monde avec gentillesse, et promet de donner bientôt des nouvelles.

Mais on ne la reverra jamais à l'hôpital de Saint-Germain-en-Laye. En revanche, on peut retrouver sa trace dans une multitude d'autres établissements de France et de Navarre. Car, en dix ans, Françoise Bonnot va connaître une cinquantaine d'hospitalisations et plus d'une vingtaine d'opérations,

1. Transit œso-gastro-duodénal : examen radiologique avec opacification de l'œsophage, de l'estomac et du duodénum.

2. Méthode d'exploration visuelle de l'intérieur des conduits (bronches, tube digestif par exemple) ou des cavités de l'organisme au moyen du fibroscope.

toutes pour suspicion d'occlusion, coliques néphrétiques ou d'abcès divers.

Son dossier médical pèse aujourd'hui plus de quinze kilos. Son abdomen n'est que cicatrices. Comment a-t-elle pu en arriver là ? C'est ce que certains se demandent encore.

Diagnostic

Madame Bonnot était atteinte du syndrome de Münchhausen, célèbre baron du XVIIIe, officier de cavalerie en Allemagne, qui distrayait ses amis en leur racontant des prouesses militaires extraordinaires au caractère mensonger.

Le syndrome de Münchhausen est un trouble psychiatrique responsable de pathomimies (ou simulations d'une affection grave, dramatique et urgente), dont les symptômes, d'origine artificielle, ne sont pas toujours mis en évidence par les examens.

Les patients qui présentent ce syndrome éprouvent une passion morbide pour la médecine, les médicaments, les auscultations, les analyses et les interventions chirurgicales. Conséquence : de véritables automutilations s'ensuivent. Grâce à la maladie, à l'univers hospitalier, aux médecins, aux infirmières, ces individus, grands dépressifs, réussissent à exister, à échapper à leur quotidien, à un sentiment d'abandon et de solitude et à éviter ainsi le passage à l'acte suicidaire.

Ce sont des mythomanes médicaux et chirurgicaux, qui maîtrisent le langage des spécialistes et sont toujours très bien documentés. Ils n'ignorent rien des manifestations apparentes des dysfonctionnements qu'ils simulent. Notons aussi qu'ils ont très souvent appartenu ou côtoyé une profession médicale ou paramédicale.

Cette comédie digne du « Malade imaginaire » est une façon pour eux de maîtriser les traumatismes de l'enfance et de se venger en les répétant. Ils humilient ainsi les médecins, les persécutent, les trompent grâce à des signes imités à la perfection. Ils s'amusent à dominer les praticiens, inversant ainsi l'équilibre traditionnel de la relation médecin/malade, et ont l'impression d'obtenir un pouvoir extrême, qui leur procure un plaisir intense, voire une vraie jouissance.

Ce sont des masochistes, issus généralement d'un milieu social défavorisé, plutôt misanthropes et qui recherchent une punition qui leur permettra d'expier une culpabilité inconsciente.

Soulignons le bonheur de notre patiente lorsque son corps est exploré et pénétré lors des interventions. Elle vit alors une véritable érotisation de l'acte chirurgical, qui la destabilise complètement. L'opération reste alors sa seule raison d'exister.

Plus les interventions chirurgicales sont nombreuses, plus ces malades se valorisent auprès des médecins en exhibant leurs cicatrices (d'où le surnom de cette affection nommée le syndrome des balafrés). Ils présentent un parcours erratique, changeant fréquemment de praticiens, d'hôpital, d'identité. Le diagnostic de leur trouble devient par là même très difficile. Ils quittent souvent les services hospitaliers contre l'avis médical et se montrent très méfiants vis-à-vis des médecins.

Les symptômes et affections que ces individus réussissent à simuler sont incroyables. Madame Bonnot a pu ainsi, pendant presque dix ans, feindre des épisodes de douleurs abdominales aiguës, toujours dans un tableau d'urgence d'une extraordinaire réalité, entraînant ainsi vingt-cinq interventions chirurgicales, la plupart inutiles !

Les personnes atteintes du syndrome de Münchhausen sont capables de provoquer différentes manifestations typiques de véritables maladie :

— L'hématurie, présence de sang dans les urines : elles prélèvent du sang dans leurs propres veines et l'introduisent dans la vessie avec une paille.

— L'hémoptysie, présence de sang dans les crachats : elles s'incisent la base de la langue à l'aide d'une lame de rasoir.

— L'abcès : elles s'injectent leur propre salive à l'aide d'une seringue et d'une aiguille dans un endroit du corps ; ce qui donne ainsi naissance à l'abcès et à la fièvre.

— Des plaies abdominales : elles s'empalent sur un outil quelconque.

— Des infections bronchiques : elles inhalent du dentifrice.

— De l'hypoglycémie : elles absorbent des médicaments qui induisent une chute de la glycémie (présence de glucose dans le sang).

— Des crises d'épilepsie, des essoufflements, des confusions : il leur est aisé d'imiter les réelles en jouant la comédie.

Notons une variante de ce symptôme, le Jet Münchhausen syndrome : il s'agit d'individus qui réussissent à détourner un avion en simulant par exemple une menace d'infarctus ; ce qui oblige l'avion à atterrir en urgence.

Une fois le diagnostic de ce trouble établi, les patients doivent etre pris en charge de façon immédiate sur le plan psychiatrique, avec parfois un internement prolongé, afin d'éviter une autodestruction qui aboutirait à la mort. Mais leur suivi est laborieux, long, et les rechutes fréquentes.

L'amour sorcier

En arrivant à l'hôtel Méridien de Phuket, en revoyant la plage de sable blanc, quasi déserte en cette saison, et la couleur turquoise de l'océan Indien, Jacques avait senti s'évanouir comme par miracle la fatigue accumulée depuis plusieurs mois. Chaque hiver, il avait besoin de retrouver ce paysage familier, cet enchantement qui le déchargeait de tout le stress lié à sa profession de pilote. Fanny, sa femme, était tombée amoureuse comme lui de l'incroyable gentillesse thaïlandaise, de la douceur du climat de l'île, de sa lumière magique. Et, depuis plusieurs années, ils avaient pris l'habitude d'y revenir en février, au moment où la grisaille parisienne est la plus difficile à supporter. Mais ce qu'ils ne savaient pas, ni l'un ni l'autre, en débarquant, c'est combien ce séjour allait leur réserver de surprises désagréables.

En effet, au matin du deuxième jour, Jacques s'était réveillé avec de violents maux de tête. Fanny s'était rendormie après qu'ils aient fait l'amour. Ces douleurs obligèrent Jacques à se lever brutalement sans cependant la déranger. Il aimait pourtant rester auprès de sa femme, la caresser, l'enlacer. Il se dirigea vers la salle de bains et avala deux comprimés d'aspirine. Le temps d'une bonne douche et d'un petit tour au bord de la piscine, et les élancements avaient disparu. Au point qu'il n'avait même pas cru utile d'en parler à sa femme. Il en avait attribué la cause au changement brutal de température, à la moiteur tropicale des lieux, ou à une modification de son régime alimentaire. Et puis, il se souvenait avoir souffert de migraines quand il était beaucoup plus jeune.

Mais, le lendemain matin, Fanny ne put retenir un cri en le regardant : il gisait sur le bord du lit, la tête penchée en avant, la main sur le front, pâle, couvert de sueur. Toutefois, Jacques qui était un homme pondéré, équilibré, s'était bien gardé de céder à la panique. Non sans mal, il avait réussi à convaincre Fanny de ne pas se ruer à la réception de l'hôtel pour appeler un médecin. Il connaissait bien ce type de névralgies car sa mère en avait été victime pendant des années, et, lui aussi, avait dû subir ces phases lancinantes au moment de l'adolescence. Il suffisait de rester au calme, un médecin ne servirait à rien.

En dehors des contrôles de routine pour Air France, Jacques n'avait, c'est vrai, jamais été coutumier des consultations médicales. Il n'était jamais malade et n'en éprouvait donc nul besoin. A cinquante ans passés, il affichait une insolente bonne santé et une silhouette de jeune homme à faire pâlir d'envie nombre de ses confrères du même âge que lui. Alors, ce n'était tout de même pas de simples céphalées qui allaient le précipiter dans les bras du premier médecin venu.

Aux inquiétudes de Fanny, il se contenta donc d'opposer une placidité qui se voulait rassurante :

« Ne t'inquiète pas. Ça va s'arrêter. Un peu de patience, c'est tout ».

La suite sembla lui donner raison, du moins provisoirement. En effet, deux heures plus tard, toute trace de douleur s'était effacée. Comme si tout ça n'était qu'un mauvais rêve qu'il fallait s'empresser d'oublier au plus tôt. D'ailleurs, Jacques put se consacrer à ses activités favorites comme si de rien n'était, alternant allègrement parties de tennis, initiation à la plongée sous-marine, promenades en mer et farniente sur la plage. Au bout d'une semaine d'un tel rythme, il se sentait requinqué, prêt à affronter à nouveau les affres du travail. Décidément, Phuket était une île miraculeuse.

Mais, deux jours avant le départ, un nouvel incident vint troubler cette délicieuse harmonie. La crise s'avéra plus intense, comme un coup de poignard qu'on lui aurait asséné pour lui éclater le front. La souffrance prédominait à droite, au-dessus de l'œil ; il sentait ses vaisseaux battre très fort et avait envie de vomir. Aucun comprimé ne pouvait atténuer le mal. Jacques n'allait vraiment pas bien.

Cette fois-ci, plus question de tergiverser. Il fallait agir. Sans même prendre le temps d'enfiler une robe, Fanny dévalait les escaliers en direction de la réception. Moins d'une demi-heure plus tard, le médecin était dans leur chambre. Il diagnostiqua immédiatement une crise migraineuse aiguë. A peine avait-il déposé sa sacoche sur la table basse du coin salon, qu'il en sortait une seringue et faisait une injection à Jacques. Tout en surveillant l'écoulement du liquide translucide, il posait, en anglais, quelques questions sommaires :

« Qu'avait-il mangé la veille ? Et le matin ? Etait-il coutumier de ce genre d'accès ? »

Jacques y répondait du mieux qu'il le pouvait, d'une voix caverneuse, hésitante.

Par chance, la piqûre le soulagea un peu. En moins de deux heures, le visage de Jacques avait retrouvé son sourire. Néanmoins, il n'était qu'à demi rassuré car un léger élancement persistait. Lui qui, en dehors d'une banale opération de l'appendicite à l'âge de vingt et un ans, n'avait jamais connu de véritables problèmes de santé, réagissait plutôt mal à cette atteinte aussi inédite qu'imprévisible. Il avait l'impression d'être comme diminué, amoindri. D'autant que le médecin, après lui avoir prescrit un traitement en cas de récidive, lui avait conseillé de procéder à un bilan complet dès son retour à Paris, car il y avait des risques de rechutes et il fallait explorer ces maux de tête.

Jacques resta toute la journée dans sa chambre, refusant de sortir même pour les repas. D'ailleurs, on lui avait interdit de s'exposer au soleil. De plus, toutes ces émotions l'avaient fatigué, tant sur le plan moral que physique. Il ressentait un irrépressible besoin de dormir, probablement lié en partie aux soins qu'on lui avait administrés, mais aussi à un désir, bien compréhensible au fond, de ne plus penser, d'occulter tout ça. En se levant le lendemain, son premier geste avait été de mettre sa main sur son front pour vérifier qu'il n'avait pas mal. Par bonheur, tout allait bien.

Il avait passé cette ultime journée de vacances sous le parasol, au bord de la piscine de l'hôtel, renonçant à toute activité sportive. En fait, il n'avait pas encore recouvré la grande forme, n'était pas vraiment remis des événements de la veille. Et, pour tout dire, il avait presque hâte de quitter Phuket. C'était la première fois qu'un séjour sur l'île lui communiquait ce goût d'amertume. Il déclara à Fanny que pour l'année suivante, il faudrait peut-être envisager une autre destination. Pourquoi pas Bali ou La Réunion ? Après tout, ils n'avaient que l'embarras du choix : grâce aux billets à prix réduits d'Air France, ils pouvaient se permettre les voyages les plus lointains, même pour quelques jours, voire un week-end. Fanny adorait Phuket, mais ne souhaitait pas contredire Jacques.

C'est avec une sorte de soulagement que le couple regagna son appartement parisien. C'était un vaste duplex, situé sur les flancs de la butte Montmartre, à deux pas de l'avenue Junot, une de ces ravissantes villas du début du siècle. Ils l'avaient acheté pour une bouchée de pain, il y avait à peu près une quinzaine d'années, juste après leur mariage. Fanny en avait supervisé les travaux, importants certes, et s'était chargée elle-même de la décoration intérieure. Mais des études aux Beaux-Arts, dans sa jeunesse, l'avaient prédisposée à ce genre d'occupation. Et le résultat était spectaculaire :

tous leurs amis leur enviaient un pied-à-terre aussi séduisant, inondé de lumière et envahi de plantes vertes.

Dès leur retour, Jacques recommença ses vols moyen-courriers à destination de la Grèce, de l'Italie, de l'Espagne ou du Maghreb. Le rythme intensif des rotations imposées par la compagnie et les escales indispensables, l'obligeaient parfois à rester éloigné de chez lui jusqu'à cinq jours d'affilée. Mais il en avait pris l'habitude depuis longtemps. Mieux, il considérait que ces séparations forcées contribuaient à conforter son entente avec Fanny et la réussite de leur couple. Les retrouvailles n'en étaient que plus heureuses. Et, après tant d'années de vie commune, ils se sentaient toujours aussi amoureux l'un de l'autre, toujours aussi impatients d'être ensemble. Ce qui ne laissait pas de surprendre nombre de leurs amis, divorcés ou séparés.

Fanny, quant à elle, suivait de nouveau ses cours de dessin au conservatoire municipal du XVIIIe arrondissement. Les murs de l'appartement étaient couverts de ses dessins, sanguines et pastels, et de ses toiles. Elle accrochait constamment des œuvres différentes pour animer cette exposition à usage strictement privé. Tout son temps libre, elle le consacrait à peindre.

Au bout de dix jours, Jacques aurait dû consulter, comme convenu, un médecin afin de découvrir la cause de ses récentes céphalées. Mais la dernière crise n'était plus qu'un lointain souvenir.

Persuadé de son complet rétablissement, il n'en voyait plus l'intérêt. Pourtant, un mois plus tard, alors qu'il était de passage à Paris entre deux rotations, il eut la désastreuse surprise de voir réapparaître cette même douleur. Plus violente, insupportable, elle était accompagnée de vomissements. Jacques semblait ailleurs, au bord de l'évanouissement. Il ne pouvait rester debout. Il était pâle, en sueur, très inquiet. Jamais il n'avait été aussi mal de sa vie. Ses yeux larmoyaient, son nez coulait, il ne supportait pas la lumière. Fanny qui paniquait appela le médecin de garde. Jacques n'opposa aucune résistance. Il souhaitait qu'on le soulage au plus vite. Le médecin arriva trente minutes plus tard, examina Jacques pendant que Fanny lui racontait la chronologie des événements, les épisodes des vacances, car Jacques était incapable d'articuler, comme s'il baignait dans une semi-inconscience. Le médecin avait l'air plus que soucieux. Il décida d'hospitaliser Jacques sur-le-champ car il évoquait un syndrome méningé. Il fallait agir vite.

Un peu plus tard, une ponction lombaire orientait le diagnostic vers une hémorragie méningée. Ses jours étaient en danger. Mais un scanner et une artériographie cérébrale ne purent confirmer cette hypothèse. Il n'y avait aucune anomalie au niveau du cerveau. Les médecins étaient perplexes mais rassurés, car après avoir éliminé ce problème sérieux, l'état de Jacques s'améliora rapidement, et les douleurs disparurent en quelques jours. Dans le service, on reprit l'interrogatoire, l'ordre précis dans lequel les élancements se manifestaient, et on en arriva à la conclusion surprenante de céphalées coïtales qui se déclenchaient lors des rapports sexuels.

Diagnostic

Jacques a présenté plusieurs épisodes de céphalées coïtales, survenus après avoir fait l'amour avec Fanny.

Les crises aiguës simulent aisément une hémorragie méningée : les céphalées violentes, les vomissements, la raideur de la nuque, la photophobie[2]*, sont des signes communs à ces deux pathologies.*

1. Radiographie d'un territoire artériel (membre, crâne, rein, poumon...) après injection dans le tronc principal, directement ou au moyen d'un cathéter, d'un liquide opaque aux rayons X.

2. Crainte de la lumière due le plus souvent à l'impression pénible et même douloureuse qu'elle provoque.

Le dernier accès que Jacques a connu pouvait évoquer une hémorragie méningée, et le médecin qui l'a examiné devait obligatoirement éliminer ce diagnostic sévère. L'hospitalisation en urgence s'imposait. Il faut d'abord procéder à une ponction lombaire qui s'effectue en introduisant un fin trocart[1] *entre deux arcs vertébraux. Le but consiste à évacuer, sans aspiration, le liquide céphalo-rachidien et à l'analyser. On détecte des traces de sang. Mais le scanner et l'artériographie cérébrale exclurent formellement toute possibilité d'hémorragie méningée. Le sang retrouvé lors de la ponction était simplement dû au traumatisme local provoqué par le trocart.*

L'interrogatoire précis, quasi policier, a beaucoup aidé les médecins car les trois accès décrits se sont produits le matin, lors d'un rapport sexuel. Cette étrange anomalie a été mise en évidence pour la première fois en 1970 par le docteur Kritz.

Trois types de maux de tête liés à un orgasme sont actuellement définis :

— Le premier évoque un lancement modéré, occipital, qui démarre juste avant l'orgasme, et s'intensifie pendant. Il peut se prolonger plusieurs jours, dépend du degré d'excitation et de la position. Il est dû à une contraction excessive et involontaire des muscles du cou durant l'acte sexuel.

— Le deuxième, plus fréquent, se révèle être une douleur sévère, explosive, qui débute au moment de l'orgasme ou quelques minutes après. Sa localisation est bilatérale, bi-occipitale ou bifrontale. Elle peut s'installer plusieurs heures ou plusieurs jours, et est la conséquence d'une circulation cérébrale hyperdynamique pendant l'orgasme.

— Le troisième (qui est le cas de notre patient), très rare, associe une douleur encore plus violente, qui apparaît après l'orgasme, et est accompagnée de nausées et de vomissements propres à simuler une hémorragie méningée.

1. Instrument destiné à pratiquer la ponction.

L'obésité, l'hypertension, la fatigue, le stress, le manque d'exercice, les antécédents personnels et familiaux de migraine et de maux de tête, sont des facteurs de risques.

Les céphalées n'ont en soi pas de conséquences dramatiques au plan de la santé, mais elles gâchent des moments importants de la vie, surtout quand elles se succèdent plusieurs fois en un mois. Mais, il est aussi possible que les crises deviennent de plus en plus espacées et s'étalent sur un à dix ans.

Pour les sujets exposés, il est conseillé de perdre du poids, d'être plus passif pendant les relations sexuelles, d'apprendre à se relaxer, d'essayer certains traitements médicamenteux, et de patienter quatre jours avant de faire l'amour après la fin d'une crise.

Ce type de douleurs est proche de celles observées durant certains exercices physiques et sportifs. Les maux de tête associés à l'activité sexuelle représentent un challenge difficile pour les médecins qui doivent avant tout éliminer l'éventualité d'une hémorragie méningée, surtout quand ils sont accompagnés de nausées, de vomissements et de raideur de la nuque.

Des recherches plus poussées s'imposent afin d'élucider les mécanismes de ces maux de tête.

L'homme rangé

A soixante-dix-huit ans, Monsieur Robert est un alerte retraité, au caractère tranchant et à la mine soignée. Sa silhouette encore svelte, sa chevelure argentée coiffée en arrière, ses vêtements de bonne coupe, font l'admiration des dames de son quartier, attendries par tant de malheurs vécus par cet homme.

Des malheurs en question, Monsieur Robert lui-même n'en parle guère. Non qu'il n'en ait gardé en lui le souvenir précis comme une haine, mais parce qu'il n'a jamais été porté sur la confidence. Sans doute est-ce la conséquence d'une éducation à « l'ancienne », où l'expression des sentiments passe pour une forme d'indécence. Chez les Robert, on n'a jamais eu l'habitude de se plaindre, pas plus d'ailleurs que de manifester sa joie ou ses accents de tendresse. En plus de quarante ans de vie commune, le vieil homme ne se rappelle pas avoir embrassé une seule fois son épouse en public, pas même lui avoir pris la main, si ce n'est, peut-être, le jour de leurs noces.

Et pourtant, son modeste appartement est tout entier un reliquaire à la gloire de celle-ci. Depuis sa mort accidentelle, il y a maintenant onze années de cela, rien n'a bougé dans ce décor où ils ont pourtant vécu côte à côte plutôt qu'ensemble : sur le lit, la couverture en satinette matelassée est restée la même, ainsi que la poupée gagnée dans un stand de tir à la foire du

Trône, tout au début de leur mariage. Dans la cuisine, qui sert également de cabinet de toilette, à chaque début d'année, le calendrier des Postes prend exactement la place de l'ancien. Et sur le vaisselier Henri II de la salle à manger, les cartes postales envoyées par Guilaine, leur fille unique, lors de ses premiers séjours à l'étranger, jaunissent gentiment, attendant en vain d'être remplacées. Le vieil homme ne supporterait d'ailleurs pas qu'elles le soient, même si, de sa fille, il n'a plus aujourd'hui aucune nouvelle. Comme si, dans cet univers où le temps semble s'être arrêté à l'aube des années 60, telles les pendules au palais d'Atatürk, le moindre changement devait détruire l'harmonie de souvenirs de plus en plus lointains et flous.

Mais on chercherait en vain le moindre grain de poussière dans ce musée domestique. Tout y est d'une propreté méticuleuse, pour ne pas dire helvétique. Monsieur Robert qui, du temps de son mariage, n'aurait jamais saisi le balai ou le torchon à vaisselle, passe aujourd'hui pour une véritable fée du logis.

D'une longue vie de labeur, le vieillard a conservé une discipline spartiate. Eté comme hiver, il est debout à 6 heures. Une habitude qui remonte à l'époque où, chauffeur routier, il montait dès l'aube dans son camion après avoir avalé à la hâte le café noir que lui avait préparé sa femme.

Bien sûr, maintenant qu'il est à la retraite, Monsieur Robert pourrait faire la grasse matinée. Mais il confesse lui-même que ce n'est pas son genre de rester au lit, sauf en cas de maladie. Le matin de ses noces, il était au travail à 7 heures, comme à l'accoutumée. En quarante ans, il ne s'est arrêté qu'une seule fois, le jour où sa femme a accouché. Et encore, le soir même, il reprenait la route avec un chargement de primeurs.

A l'évidence, Monsieur Robert n'est pas homme à mâcher ses mots. Spécialiste du jugement à l'emporte-pièce, sans appel et sans concession, il passe pour avoir un caractère difficile que d'aucuns attribuent à ses origines bretonnes. Mais le fait d'être né à Saint-Quay-Portrieux n'explique probablement pas tout des humeurs du vieil homme. Sans doute faut-il plutôt y voir les séquelles d'une enfance rude et d'une vie d'homme où la précarité matérielle n'a guère laissé de place à la tendresse.

En tout cas, que ce soit au café devant les copains de comptoir, ou chez lui devant son poste de télévision, avec son chien pour tout public, le sémillant retraité n'a de cesse de râler contre la paresse des jeunes d'aujourd'hui, la perte des valeurs morales, l'inanité des hommes politiques, le relâchement des mœurs, la bêtise des chansons actuelles, les mensonges véhiculés par la presse, et le reste à l'avenant. Ce qui ne l'empêche pas, par ailleurs, d'être un aimable compagnon de belote, fort apprécié de ses congénères à la retraite comme lui.

Le quartier général de Monsieur Robert est le « Saint-Claude », un bar-tabac typiquement parisien dont l'enseigne au néon domine le carrefour de la rue des Pyrénées et de la rue de Belleville, à la limite des XIXe et XXe arrondissements. Il habite juste à côté, dans un vieil immeuble de la rue de la Mare, en descendant vers la place Gambetta. Depuis la mort de sa femme, il a pris ses habitudes dans cet établissement hors du temps qui est un peu devenu sa seconde maison.

Pour les patrons, Madame Yvette et Monsieur Jean, le vieil homme est plus fiable qu'un chronomètre de précision : ses différents passages dans la journée se font avec la régularité d'un coucou suisse. Le premier est à 9 heures tapantes. Au moment exact où démarre le spot d'informations sur l'antenne d'Europe 1, la station de radio qui recueille toutes les faveurs des clients du café, Monsieur Robert franchit la porte vitrée à double battant en compagnie de son berger allemand. Ce chien, Dieu sait s'il l'avait maudit quand sa femme l'avait ramené à la maison. Mais, depuis, il s'y est attaché. Et pour rien au monde, il ne supporterait qu'on lui fasse du mal. L'animal doit avoir aujourd'hui treize ou quatorze ans. Il a réglé sa marche sur celle de son maître. Quand celui-ci s'accoude au comptoir de Formica rouge, il se couche à ses pieds, dans la sciure, attendant avec patience le sucre rituel proposé par Claudine.

Claudine, c'est la serveuse, une blonde accorte, aux formes épanouies et au babil incessant. Elle non plus ne mâche pas ses mots et a tôt fait d'envoyer promener les mauvais coucheurs. Mais elle connaît bien son monde : voilà près de vingt ans qu'elle travaille ici. Alors, vous pensez si les petites manies de chacun n'ont plus aucun secret pour elle ! Devant Monsieur Robert, elle dépose automatiquement un café arrosé :

« Un petit calva, rien de tel pour vous décrasser la tuyauterie ».

Tout en astiquant le zinc, elle commente allègrement les nouvelles du matin. Et si, pour toute réponse, elle ne reçoit que les grognements indistincts de son client, cela ne la perturbe guère. Car, au fond, elle sait bien que c'est un brave homme qui, sous des dehors bourrus, cache des trésors de sensibilité. La mort subite d'une épouse après quatre décennies de vie commune, l'abandon brutal d'une fille unique qu'on a adorée, on serait hargneux à moins.

Aux termes d'un quart d'heure, montre en main, de ce dialogue à sens unique, la jeune femme propose, comme il se doit, une seconde consommation :

« Vous reprendrez bien quelque chose ? »

Mais la réponse est chaque matin identique :

« Ça serait pas de refus, mais faut que j'y aille. C'est que le travail, ça ne se fait pas tout seul ».

Sur ces mots, comme mu par un réflexe, le fidèle compagnon à quatre pattes du vieil homme se redresse aussi rapidement que le lui permet son arthrite, et se secoue pour se débarrasser des copeaux de bois accrochés dans ses poils. Et Claudine les voit bientôt partir tous deux en direction du cimetière du Père-Lachaise.

Depuis onze ans, Monsieur Robert n'a jamais failli à cette visite quotidienne sur la tombe de sa femme. Sauf une fois, parce qu'il était grippé. Et encore avait-il fallu toute la force de persuasion de Claudine et de Madame Yvette pour le convaincre de rentrer chez lui, de se mettre au lit et d'appeler le médecin. C'est que notre retraité a à peu près autant confiance dans le corps médical que Molière en son temps : « Tous des incapables, pense-t-il. Les toubibs, c'est bon pour les tire-au-flanc. Moi, je me suis toujours soigné tout seul ». Et d'enchaîner aussi sec sur son leitmotiv favori : rien ne vaut une bonne hygiène de vie, comme à l'armée, de la marche, une nourriture saine, une longue nuit de sommeil.

Pour tous, Monsieur Robert passe pour un homme solide, dur avec lui-même comme il l'est avec autrui, et portant vaillamment ses soixante-dix-huit ans. C'est pourquoi, ce matin de janvier, Claudine est plutôt étonnée par sa conduite. Comme à l'accoutumée, elle a déposé sur le comptoir un « petit noir » et un verre de calva. Mais en relevant les yeux, elle surprend le vieil homme qui empoigne avec maladresse la tasse de sa main gauche. « Qu'est-ce qu'il lui prend aujourd'hui », se dit-elle. Mais elle a à peine le temps d'y réfléchir qu'elle voit le récipient vaciller et son contenu se répandre sur le polo de son client. D'abord ébahi, celui-ci se met bientôt à hurler : « C'est pas possible. Ce qu'il faut être con. Ma parole, tu deviens gâteux, mon pauvre vieux. Si t'es même plus capable de boire ton café proprement, t'es bon pour l'hospice ». Il vocifère même contre son chien, qui pourtant n'a pas bougé d'un pouce. Dans la salle, personne n'ose dire un mot, même pas Claudine qui, d'habitude, a la langue si bien pendue. Elle jette un coup d'œil vers sa patronne qui lui fait signe de se taire et tente de dominer la situation :

« Ce n'est pas grave. Ça peut arriver. On va essuyer ça et il n'y paraîtra plus ».

Mais le retraité ne daigne même pas lui répondre. Comme honteux de l'incident dont il ne comprend manifestement pas la cause, il pose la somme exacte sur le zinc, et quitte précipitamment l'établissement sans broncher, son chien sur les talons.

Après quelques secondes de silence, les conversations reprennent. Chacun veut donner son avis sur l'histoire. A commencer par Jeanine, une autre habituée du « Saint-Claude », veuve de longue date, qui connaît bien Monsieur Robert pour jouer avec lui aux cartes presque chaque après-midi, sauf le mardi, jour de fermeture du café.

« Il n'a pas l'air dans son assiette, notre ami. Je ne l'ai jamais vu comme ça. Lui qui est toujours si correct, ça ne lui ressemble pas ».

Et Claudine de surenchérir :

« Pour sûr ! J'ai même eu l'impression qu'il ne marchait pas très droit, en sortant. Comme s'il était saoul. Pourtant, ça j'en jurerais, il ne sentait pas l'alcool. Vous pouvez me croire, j'ai le nez pour ça ».

Madame Yvette et Monsieur Jean sont eux aussi perplexes. Surtout lorsque la serveuse leur confie qu'elle a vu nettement son client utiliser sa main gauche alors qu'il est droitier :

« Madame Jeanine pourra vous le confirmer. Elle l'a noté comme moi. Elle a l'œil, pensez donc, à force de taper le carton avec lui ».

Faute de mieux, tous s'accordent à penser que c'est la proximité de l'anniversaire de la mort de sa femme qui perturbe le vieil homme.

Cette mort accidentelle, Monsieur Robert ne l'a jamais vraiment acceptée, digérée. Il n'est jamais parvenu à faire son deuil. Ça s'est passé un 1er février, au carrefour, juste devant le « Saint-Claude ». Son épouse rentrait des commissions. Tout à ses pensées, elle s'était engagée sur la chaussée sans regarder les feux de signalisation. Elle avait été renversée par un camion, le chauffeur avait été incapable de l'éviter. Les secours du S.A.M.U. étaient arrivés très vite. Mais cela n'avait pas suffi : un traumatisme crânien sévère avait déjà plongé Madame Robert dans un coma aussi profond qu'irrémédiable. A son admission à l'hôpital, les médecins n'avaient pu que constater leur impuissance à la sauver. Elle était morte quelques heures plus tard, sans avoir repris conscience, dans les bras de son mari.

Depuis ce jour, Monsieur Robert s'est complètement renfermé sur lui-même, menant une vie quasi monacale. Et, sans doute, cette mort est-elle aussi à l'origine de la rancœur qu'il voue au corps médical dans son ensemble. En tout cas, elle n'avait fait qu'accentuer un caractère déjà naturellement porté à la misanthropie. Bien qu'il n'en parle jamais, on peut imaginer que c'est là la raison essentielle de la rupture avec sa fille. Voilà bientôt dix ans qu'il n'a plus de ses nouvelles. Il sait qu'elle habite en banlieue parisienne avec son mari, mais jamais ils ne s'écrivent ni ne se téléphonent.

Tant et si bien que les seuls contacts humains qui relient encore aujourd'hui Monsieur Robert à ses semblables sont ceux qu'il entretient au « Saint-Claude ». Madame Yvette, Monsieur Jean, Claudine, Jeanine sont désormais son unique famille. Et sans eux, peut-être ne serait-il plus là. Peut-être se serait-il suicidé ou se serait-il laissé mourir.

A midi, c'est l'heure de l'apéritif. En dehors de Jeanine, Monsieur Robert retrouve toujours une ou deux connaissances avec qui il échange les banalités d'usage sur la météo ou la hausse des prix, autour d'un verre de vin cuit.

Le jour de l'incident de la tasse de café, il débarque à l'heure dite, comme si de rien n'était, et commande son petit verre de banyuls que Claudine s'empresse de lui servir, tout en le surveillant du coin de l'œil. Cette fois-ci, tout se passe normalement. Personne, évidemment, ne reparle de l'anicroche du matin même, bien que tous les habitués aient été mis au courant par Jeanine ; un événement aussi extraordinaire n'étant pas si fréquent pour des gens qui mènent une existence réglée comme du papier à musique. Cependant, en observatrice avertie, Claudine n'est pas sans noter une certaine tension, une sorte de raideur dans les mouvements de son client préféré. Comme si Monsieur Robert cherchait à donner le change, à montrer ostensiblement que tout allait bien, en bref comme s'il se surveillait.

« Après tout, c'est bien naturel. Lui qui est si attentif aux bonnes manières, il a dû se sentir mal ».

Reprise dans le tourbillon de ses activités, elle n'y pense bientôt plus.

D'autant que les jours qui suivent, Monsieur Robert semble récupérer pleinement la maîtrise de lui-même. A 16 heures, chaque après-midi, il est au rendez-vous pour la partie de belote avec les copains.

Et c'est à peine si ses compagnons le trouvent un peu plus irritable qu'à l'accoutumée, plus prompt à s'énerver en cas de mauvaises cartes. Jeanine, sa partenaire familière, en fait bien les frais à deux ou trois reprises. Mais elle ne s'en émeut pas plus que ça. Elle en a vu d'autres avec son mari.

Pourtant, un jour qu'elle lui apporte un demi panaché, Claudine remarque une sorte de grimace de souffrance sur le visage du retraité, au moment où il se saisit du verre. Elle le voit même qui porte la main à son front, comme pour en chasser la douleur. Mais, sur le coup, elle n'y prête guère attention. « Sans doute un rhumatisme », se dit-elle. Ce n'est que plus tard, quand d'autres dysfonctionnements, plus graves, l'auront alertée, qu'elle mesurera la signification de ce geste maladroit et en comprendra la portée. Car, très rapidement, les dérèglements du comportement vont s'accélérer pour atteindre des proportions inquiétantes. Comme si, en quelques semaines, Monsieur Robert sombrait brutalement dans le gâtisme et la sénilité.

Après la partie de cartes vient naturellement le moment de l'apéritif. La feutrine verte qui recouvrait la table de Formica façon marbre est promptement remisée derrière le comptoir par l'irremplaçable Claudine. La jeune femme sert à chacun son breuvage favori, pour Jeanine une suze à l'eau, pour Monsieur Robert un « petit » porto. Dans la pénombre de la nuit qui tombe, c'est la détente qui suit l'insoutenable tension du jeu. On sirote son verre, avec cette parcimonie propre aux vieilles gens, en attendant le flash d'informations de 18 heures à la radio. La conversation s'étiole, se perdant en considérations oiseuses et en lieux communs sur le repas proche ou les « coups » qui ont marqué la belote de l'après-midi.

Mais, un beau soir, alors qu'elle vient d'allumer les néons de la salle tout en devisant doctement sur le programme de télévision de la veille, Claudine entend Monsieur Robert qui s'exclame d'un ton enjoué :

« Tiens, j'ai croisé Maurice Chevalier ce matin. Qu'est-ce qu'il a vieilli ! »

Un instant interloqués, ses partenaires éclatent bientôt de rire :

« Monsieur Robert, vous plaisantez, il est mort depuis belle lurette, ce brave Maurice ».

Mais manifestement, Monsieur Robert ne blague pas. Les yeux hagards, comme perdus, il se redresse d'un bond, renverse son verre dans sa précipitation, et quitte le café sans saluer personne.

Derrière le comptoir, Madame Yvette et Claudine en restent comme deux ronds de flan. Dans la salle, nul n'ose plus parler. La stupeur autant que l'inquiétude paralysent tous les clients. Chacun se plonge dans la contemplation de son verre vide. C'est finalement Monsieur Jean, le patron, qui prend sur lui de rompre ce silence tendu :

« Il débloque ou quoi ? »

Aussitôt, les langues se délient. C'est à qui élèvera le plus la voix :

« Je le trouve étrange depuis quelque temps », « Il a l'air fatigué », « C'est vrai qu'il a les traits tirés », « Et puis, vous avez vu comment il s'habille, lui qui était si propre ! »

Tous cherchent à se délivrer d'observations faites dans les dernières semaines et qu'ils n'avaient osé évoquer jusqu'alors. Comme s'ils avaient craint que cela attire l'attention sur leurs propres travers, leurs difficultés de personnes âgées. Etonnée par tant de véhémence, Madame Yvette finit par interrompre ce flot de paroles par un tranchant :

« Je lui en toucherai deux mots demain matin ».

Effectivement, le lendemain à 9 heures tapantes, Monsieur Robert est accoudé au comptoir du Saint-Claude, devant son sempiternel café calva. Il porte, sous son caban bleu marine, un pull-over douteux qu'il a, de toute évidence, enfilé à la hâte par-dessus sa veste de pyjama dont le col fripé dépasse à peine à la base du cou. Il n'est pas rasé. Ses cheveux sont en bataille. Devant ce spectacle inusité, Madame Yvette décide de prendre le taureau par les cornes :

« Alors, qu'est-ce qu'il vous arrive ? Une petite déprime ? »

Obstiné, le vieil homme garde le silence et tourne mécaniquement sa cuillère dans sa tasse. Madame Yvette reprend :

« Ce qu'il vous faudrait, c'est une bonne cure de vitamines. Tenez, moi, je m'y suis mise depuis un mois, et ça m'aide à affronter l'hiver ».

Son client ne cille même pas. Tout juste émet-il un vague grognement destiné à son chien, couché à ses pieds. La patronne du Saint-Claude insiste pourtant :

« Vous devriez voir un médecin ».

A ces mots, la colère du retraité éclate brutalement : et de quoi se mêle-t-elle ? Il sait bien ce qu'il a à faire. D'ailleurs, qui lui dit qu'il est malade ? Il se porte comme un charme. Jamais il ne s'est senti si en forme. Et puis les choses iraient mieux si chacun s'occupait de ses affaires. Bref, tout y passe. Face à ce déferlement, Madame Yvette ne sait que répondre. Elle est attérée. Elle qui croyait l'aider ! Et quand, à bout d'arguments, le vieil homme jette son argent sur le zinc, elle le regarde s'éloigner en direction du cimetière sans avoir pu ajouter quoi que ce soit. On ne le reverra pas de la journée au Saint-Claude, ni pour l'apéritif ni pour la partie de cartes de l'après-midi. Ses partenaires l'attendront en vain, tuant le temps en jouant au 421.

A compter de ce jour, Monsieur Robert ne reviendra plus que fort irrégulièrement au café. Il s'installe alors seul à une table, les yeux rivés sur la rue, son chien à ses pieds. Même Claudine ne réussit plus, avec ses facéties, à rompre le mur d'isolement derrière lequel il s'abrite désormais. Pourtant, elle ne peut s'empêcher de l'observer à la dérobée tout en vaquant à ses occupations. Il faut dire que le spectacle devient de plus en plus stupéfiant, pour ne pas dire pitoyable.

Le visage de Monsieur Robert est maintenant la proie d'une agitation permanente. Des fibrillations autour de sa bouche déforment constamment ses lèvres et son menton. Toutes les dix secondes, sa langue sort de sa bouche, comme mue par un ressort incontrôlable. De plus, il ne cesse de se frotter les mains de manière mécanique, sans raison apparente.

Un matin, alors que la serveuse s'active devant le bac à vaisselle, il débarque dans un état d'extrême excitation. Ses vêtements sont dans un indescriptible désordre. Il se met à apostropher les clients, heureusement rares à cette heure, parlant fort, gesticulant dans tous les sens, ne trouvant plus ses mots, bégayant même. Il explique à qui veut l'entendre qu'il vient de racheter une entreprise de dix camions, une société internationale spécialisée dans le transport des pondéreux :

« Je vais me remettre au travail. Il en est grand temps ».

« Pour sûr », songe Claudine, avec son ironie coutumière, mais en se gardant bien d'intervenir. Car le retraité poursuit son monologue incohérent. Il a rencontré un riche industriel qui est d'accord pour lui prêter tout l'argent nécessaire.

« D'ailleurs, ajoute-t-il, je vais me remarier ».

La jeune femme, précise-t-il, a tout juste trente ans. Il l'a rencontrée il y a dix jours et ils sont immédiatement tombés fous amoureux l'un de l'autre. Claudine lance un regard effaré à sa patronne qui n'en peut mais et les deux femmes tentent de s'approcher du vieillard pour le calmer. Il leur échappe pourtant en une sorte de sautillement enfantin et maladroit. Avant de sortir aussi vite qu'il est entré, il déclare à la cantonade :

« Les noces sont prévues pour dans quinze jours. Les bans sont déjà publiés. J'invite tout le monde. Pas de problème, on a loué la Tour Eiffel pour un superbe banquet de cinq cents couverts ».

Et de préciser, en passant la porte, qu'il n'aurait pas le temps de revenir d'ici là, mais qu'il comptait sur eux :

« Je veux que tous mes amis soient là pour ce grand jour ».

Dans le café, c'est la consternation. Madame Yvette est au bord des larmes :

« Il est devenu fou. Il faut appeler un médecin en urgence ».

Malheureusement, lui explique son mari, on ne peut forcer quelqu'un à se soigner, sauf s'il est dangereux pour son entourage.

Personne ne sait quoi faire.

« La prochaine fois qu'il vient, il faut l'emmener de force à l'hôpital, c'est la seule solution », propose Claudine, toute retournée.

Mais durant dix jours, Monsieur Robert ne réapparaît plus au Saint-Claude. Jeanine l'a bien rencontré dans la rue, mais il ne l'a même pas saluée :

« Je crois qu'il ne m'a pas reconnue. Il marchait bizarrement, à petits pas saccadés, en traînant son chien derrière lui ».

Enfin, un samedi, vers midi, Claudine aperçoit le vieil homme qui traverse la rue en direction du Saint-Claude. Elle alerte aussitôt Madame Yvette qui est en pleine préparation du plat du jour, sa spécialité, la blanquette de veau. Celle-ci a tout juste le temps, tout en s'essuyant les mains à son tablier, d'émerger de derrière le comptoir, pour le voir qui s'avance en titubant. Sa tenue est encore plus débrayée. Alors qu'il s'apprête à pousser la porte vitrée, il s'effondre sur le trottoir, manifestement au bord de l'épuisement.

Ce coup-ci, pas d'hésitation possible. On appelle les pompiers qui le transfèrent d'urgence à l'hôpital le plus proche. Les médecins qui l'accueillent pensent d'abord qu'il s'agit d'une démence sénile, fréquente à cet âge. On ne s'alarme pas sur le cas de Monsieur Robert. De nombreux examens seront effectués : électro-encéphalogramme, ponction lombaire, radio du crâne, scanner, prises de sang, tous normaux.

Trois semaines s'écoulent. C'est alors qu'on établira le diagnostic de syphilis cérébrale révélée cinquante ans après une syphilis plus banale.

Diagnostic

Monsieur Robert souffrait d'une syphilis neurocérébrale, appelée aussi syphilis tertiaire, déclarée cinquante ans après une syphilis primaire, dont il s'est effectivement souvenu. Il l'avait contractée lors de ses fréquents voyages. Les marins, les chauffeurs routiers, les touristes y sont en effet plus facilement exposés, comme tous les gens qui se déplacent beaucoup et multiplient des rapports sexuels avec des personnes différentes. Mais sa syphilis était bénigne, sans réel symptôme, et il n'avait pas consulté.

La syphilis reste une maladie d'actualité, toujours implantée dans nos pays avec une nette recrudescence actuelle.

Elle est due au tréponème, agent microbien de petite taille qui se transmet principalement par les muqueuses ou par voie transplacentaire, et qui induit le chancre génital. Il se manifeste trois semaines après l'inoculation du tréponème : c'est la syphilis primaire.

Si la maladie n'est pas traitée à ce stade, le tréponème diffuse dans tout l'organisme et conduit à la syphilis secondaire. Deux ans, voire plusieurs dizaines d'années, peuvent s'écouler après l'apparition du chancre syphilitique, comme dans le cas de notre patient, et c'est alors que se révèle la syphilis tertiaire ou nerveuse, qui entraîne la neurosyphilis. Comme la syphilis primaire de Monsieur Robert n'avait pas été soignée, l'escalade était inévitable.

Maupassant et Flaubert étaient atteints de neurosyphilis. Elle était devenue une maladie rare après la découverte de la pénicilline, un antibiotique qui éradique les syphilis primaires.

On peut déterminer l'existence d'une neurosyphilis grâce à une étude du liquide céphalo-rachidien recueilli lors d'une ponction lombaire et confirmée par un sérodiagnostic sanguin[1]*. Il est alors primordial d'envisager un traitement spécifique à base de pénicilline à dose élevée, et cela au plus tôt afin d'éviter les séquelles les plus graves.*

Dans le cas de notre patient, les symptômes s'améliorèrent très vite et Monsieur Robert retrouva rapidement une vie quasi normale. Seules quelques épisodiques manifestations de confusion persistèrent.

La meilleure thérapeutique reste la prévention de la syphilis à sa phase primaire alors qu'il n'y pas encore de destruction importante du système nerveux central. Tout retard de diagnostic et de soins entraîne l'apparition d'une neurosyphilis. Les signes cliniques de cette dernière sont divers et variés, et rendent la conclusion médicale difficile. Les signes neurologiques peuvent évoquer un accident vasculaire cérébral ou une tumeur, voire une sclérose en plaques. Seule la sérologie de la syphilis effectuée dans le liquide céphalo-rachidien recueilli lors de la ponction lombaire et dans le sang, permet un diagnostic rapide et fiable, car l'électro-encéphalogramme, la radiographie du crâne, le scanner ne présentent souvent aucune anomalie.

Les tableaux neurologiques[2] *actuels sont bâtards et monosymptomatiques. Ils posent donc le problème de savoir si les signes qu'ils révèlent sont en rapport ou non avec la neurosyphi-*

1. Etude des modifications présentées par le sérum sous l'influence des maladies.
2. Ensemble de symptômes chez un sujet atteint d'une maladie du système nerveux.

lis. Monsieur Robert, après une instabilité du membre supérieur droit lors de l'épisode de la tasse de café, puis des dyskinésies buccofaciales (mouvements anormaux des muscles du visage), et ensuite des troubles de l'humeur, concrétisés par de l'agitation, un discours confus, une logorrhée, une familiarité et une jovialité disproportionnées, tout cela aurait pu nous orienter vers la démence sénile. Des tableaux d'hémiplégie[1]*, de troubles brutaux de la vision, de dérèglements de la coordination et de l'équilibre, existent parfois séparément, ou associés aux perturbations caractérielles dont souffrait Monsieur Robert.*

Il n'y a pas de données statistiques officielles en France en ce qui concerne la syphilis. En effet, la déclaration de cette maladie n'est pas obligatoire et le diagnostic sous-estimé.

Notons pourtant, aujourd'hui, une recrudescence de la neurosyphilis. La raison en est simple. Les antibiotiques sont devenus monnaie courante tout comme la prise fréquente de pénicilline pour des angines, des bronchites, des otites. Ainsi, il est de plus en plus compliqué de déterminer une syphilis primaire qui n'évolue plus normalement, bloquée par lesdits antibiotiques.

1. Ensemble de manifestations retrouvées chez un patient atteint d'une paralysie complète ou incomplète d'une moitié du corps.

Une tradition ancestrale

A la porte de Montreuil, en bordure des périphériques parisiens, se dressent aujourd'hui les façades rutilantes de verre et d'acier d'un vaste ensemble de bureaux dont beaucoup portent encore la mention « à louer ». Mais au-delà du bunker futuriste du nouveau centre commercial, c'est un tout autre monde qui commence. Un enchevêtrement compliqué de ruelles mal éclairées, dessinées au XIXe siècle sans aucun plan d'urbanisme, et où se mêlent des senteurs venues de tous les continents : igname des Antilles, curry d'Asie, patate douce, safran, gingembre confit débordent largement sur les trottoirs, aux étalages d'épiceries lilliputiennes qui ne sont pas sans rappeler les échoppes des souks orientaux. Le soir venu, à la lueur des néons blafards, les boubous africains croisent, dans une atmosphère bon enfant, les djellabas du Maghreb et les saris indiens. Une lente déambulation de déracinés qui n'ont d'autre souci que de recréer un peu de la chaleur de leur terre natale. Dans un salmigondis de langues aux accents chantants ou rocailleux s'échangent alors les salutations d'usage, les nouvelles du pays, les immanquables considérations sur les rigueurs de l'hiver ou les plans de fêtes pour le samedi à venir. Palabres interminables qui ne s'achèvent que tard dans la nuit, au grand dam de la petite bourgeoisie locale. Car la cohabitation avec les Français d'origine est parfois un peu difficile, il faut bien l'admettre, l'exubérance africaine s'accordant mal avec les horaires réglés de ceux-ci. Périodiquement, la police municipale fait une ronde symbolique, provoquant la panique de toute une kyrielle d'étrangers sans papiers qui s'éparpillent dans le voisinage comme un essaim d'abeilles. Elle procède sans conviction à quelques avertissements timbrés pour tapage nocturne et s'en retourne à la quiétude de son commissariat. Et aussitôt après son passage, le va-et-vient bigarré et sonore reprend comme si de rien n'était. Dans les cafés, on rallume les postes de télévision ; la musique des tablas et des djembés s'élève à nouveau des minuscules restaurants de l'avenue de Paris, la lente cohorte des hommes du sud retrouve le contrôle de la rue. Les conversations, un instant interrompues, repartent de plus belle, tandis que les graines de sésame craquent sous des dents immaculées.

C'est au cœur de cette Babel suburbaine que vit Harouna depuis maintenant cinq ans. Sa longue silhouette athlétique de marathonien émerge aisément d'une foule en majorité masculine. On reconnaît de loin son verbe haut et ses éclats de rire. Il y a en lui une sorte de fierté, d'élégance naturelle qui force l'admiration. Cela tient peut-être aussi à son indéniable beauté, à ses yeux en amande qui remontent jusque vers les tempes, à son corps délié entretenu avec soin par les exercices de musculation, à la couleur sombre de sa peau qui fait ressortir un sourire éclatant. Quoi qu'il en soit, Harouna est devenu, en quelques années, une « figure » de Montreuil, que chacun salue avec respect et chaleur.

A son arrivée en France, Harouna a été accueilli, comme tant d'autres avant lui, par un cousin qui avait fait le grand saut quelques mois plus tôt. C'est celui-ci qui lui a trouvé la chambre qu'il occupe aujourd'hui au foyer de la rue Barra. C'est une bâtisse sans grâce, construite à la va-vite pendant le boom immobilier des années 60, un rectangle de béton mal entretenu, divisé en une centaine de réduits identiques, et destiné au départ à recevoir des jeunes délinquants à leur sortie de prison. L'Administration en avait finalement décidé autrement, sans doute guidée par l'urgence de trouver une résidence aux travailleurs immigrés, appelés en masse par les sirènes d'une croissance industrielle que tout le monde, à l'époque, voulait croire éternelle.

Mais Harouna ne se plaint pas. Par rapport à d'autres, il se sait plutôt bien loti. Le foyer dispose de sanitaires à chaque étage, de douches en état de marche et, chose essentielle pour un Africain, d'un chauffage central des plus efficaces. Certes, les chambres tiennent plus de la cellule monacale version moderne que de la suite présidentielle d'un palace 4 étoiles, et l'espace y est chichement compté, mais Harouna a appris à s'en contenter. La cohabitation avec Mamadou dans les 15 m^2 de l'espace habitable se passe plutôt bien. Sénégalais comme lui, ce dernier, installé en France depuis plus de trente ans, l'a piloté dans toutes ses démarches auprès de l'administration hexagonale, lui permettant de franchir sans ambages les écueils d'une réglementation draconienne, et d'obtenir les autorisations de séjour et de travail nécessaires à son maintien sur le territoire français. Car c'est cela aussi qu'Harouna a découvert ici, au « village » de Montreuil, cette solidarité sans faille des déracinés, une solidarité dont il fait profiter à son tour les nouveaux arrivants, leur prodiguant conseils, chaleur humaine, voire soutien matériel.

Car la vie n'est pas toujours rose, au pays des hommes blancs. Harouna se souvient encore de sa propre arrivée à Orly, muni en tout et pour tout d'un visa touristique et d'une vague carte d'étudiant en économie à l'université de Dakar, les deux « achetés » à prix d'or quelques jours avant son départ. Il ressent encore le froid qui l'a saisi à sa descente de l'avion, un DC 8 antédiluvien d'Air Afrique, le contact sur sa peau des flocons de neige qui tombaient ce jour-là, le regard étonné des autres passagers sur ses pieds nus dans des sandales. Pour tout bagage, il avait sa conga, qu'il serrait machinalement contre lui, comme pour se rassurer, et un vieux sac de toile de l'armée dans lequel il avait rassemblé ses richesses, autant dire pas grand-chose, un jean, quelques T.-shirts, une paire de baskets Adidas et un carton de dattes glissé par sa mère au moment où il avait quitté le village. Et puis, d'un seul coup, dans la foule qui se pressait contre les barrières, juste au-delà du poste de douane, il avait aperçu son cousin. Et il avait repris confiance. Cela, il ne l'oublierait jamais, cette sensation de soulagement qui l'a envahi alors, provoquée par un simple sourire arraché au temps et à l'espace.

C'est pour cette raison qu'Harouna, désormais, est toujours prêt à rendre service, qu'il ne refuse jamais de donner un coup de main, d'échanger une parole ou simplement un signe d'amitié, de partager une cigarette ou un joint avec celui qui débarque et dont il comprend, mieux que n'importe qui, le désarroi.

Pourtant, Harouna avait eu à surmonter bien des déceptions ; lui qui croyait arriver dans un pays de cocagne où l'argent coulait à flots avait dû vite déchanter. Après quelques mois de galère, naviguant de petits boulots en petits boulots au gré des missions d'intérim, il avait enfin réussi à se faire embaucher comme ouvrier spécialisé dans une PME, filiale de Renault, fabriquant des boîtes de vitesse pour les R5 et les R19. D'abord engagé en tant que technicien de surface, pour ne pas dire balayeur, il était parvenu peu à peu à creuser son trou. Aujourd'hui, intégré à une petite équipe de montage, Harouna apparaît comme un nanti auprès de ses copains souvent en situation beaucoup plus précaire. Mais ce qu'il gagne suffit à peine à payer le loyer, la nourriture quotidienne et quelques fringues. Et ce n'est qu'au prix de privations multiples qu'il peut envoyer un peu d'argent à sa famille restée au Sénégal.

Car c'est là le crève-cœur d'Harouna. Après avoir longtemps espéré faire venir sa femme et ses quatre enfants, il sait dorénavant que cela appartient à jamais au domaine de l'utopie. Tout est trop cher ici, les logements introuvables ou inabordables, sans compter le billet d'avion qui représente une véritable fortune au regard de son salaire. Depuis son installation en France, Harouna n'a pu retourner que deux fois dans son pays. Entre deux voyages, ses enfants l'ont oublié, ils le reconnaissent à peine lorsqu'il arrive au village. Bien sûr, il y a le téléphone. Chaque vendredi soir, en compagnie d'une ribambelle d'autres Africains, il fait la queue devant la cabine publique trafiquée pour ne pas avoir à payer les communications. Une bonne demi-heure d'attente pour quelques paroles banales échangées dans la friture des lignes internationales. A peine le temps de prendre des nouvelles du petit dernier, d'être rassuré sur la santé de chacun, et la ligne est coupée, ou il faut raccrocher pour laisser la place au suivant. A vrai dire, le cafard est encore plus tenaillant après qu'avant.

Alors, pour surmonter tout ça, Harouna se réfugie dans la musique. Sa conga, c'est la seule chose qui le rattache encore à l'Afrique et à ses racines. Chaque fin d'après-midi, avant de partir au boulot — il fait partie de l'équipe de nuit — le jeune homme tape pendant plus d'une heure sur son instrument. Une heure de percussions qui est une sorte d'exorcisme, un moyen d'expulser de soi toutes les frustrations, les rancœurs, la tristesse accumulées au quotidien, en bref une sorte de conjuration. D'abord lent et syncopé, le rythme s'accélère peu à peu, la frappe s'intensifie, les mains se déplacent de plus en plus vite sur les peaux, le son s'amplifie et se répand dans tout le bâtiment. Au départ immobile, le corps d'Harouna adapte à son tour la cadence de la musique. Ses yeux se ferment. Son esprit s'envole. Plus rien ne compte de ce qui l'entoure.

Et quand, épuisé, en sueur, il s'arrête enfin, il est tout étonné de voir la foule admirative qui s'est rassemblée autour de lui, prête à l'applaudir.

A force d'entraînement, Harouna a acquis une dextérité hors

du commun. Tous ceux qui le connaissent le considèrent comme un percussionniste au talent exceptionnel, et sa réputation ne cesse de grandir dans le milieu africain de Paris. Au point qu'on le réclame partout. Il est de toutes les fêtes. Il obtient même des engagements dûment rémunérés, de quoi arrondir ses fins de mois souvent difficiles, et surtout d'envoyer quelques cadeaux au pays.

Mais c'est à ceux du foyer, devenus sa famille d'adoption, qu'il réserve le plus souvent ses prestations. Il n'oublie pas que, dans les premiers temps de son installation en France, sa conga l'a sauvé de la misère. C'est grâce à elle qu'il a survécu pendant plusieurs mois, jouant dans le métro, dans les centres commerciaux, à l'entrée des cinémas et des théâtres, partout où c'était possible, jonglant entre les rondes de police. Alors aujourd'hui, quand ses compagnons d'infortune lui demandent de sortir son instrument et de jouer pour eux, il ne se fait pas prier. Et il renoue ainsi avec une longue tradition, retrouvant presque naturellement les gestes ancestraux transmis de génération en génération dans sa famille. Tout ce qu'il sait, ou presque, de la musique, il l'a appris de son père, qui l'avait lui-même appris de son père, et ainsi de suite jusqu'à la nuit des temps. « Mais, se demande Harouna, qui l'enseignera à mes fils ? »

Le rez-de-chaussée du foyer est occupé par une vaste salle commune éclairée au néon. Un alignement de tables en Formica et de chaises dépareillées meublent la majeure partie de l'espace disponible. Quelques affiches de compagnies aériennes masquent tant bien que mal la peinture orange qui s'écaille. Au fond de la pièce, face à la porte d'entrée, des distributeurs automatiques sont à la disposition des résidents : boissons gazeuses, cafés, cigarettes et, depuis peu, préservatifs.

En semaine, ce hall un peu lugubre est souvent vide. Mais le samedi, tout le monde s'y retrouve. La télé accrochée au mur, et que personne ne regarde vraiment, hurle à tue-tête. Tant et si bien qu'il faut quasiment crier pour se faire entendre de ses interlocuteurs. Mais, apparemment, cela ne gêne personne, au contraire. Plus la soirée s'avance, plus les conversations s'animent. De groupe en groupe, le troc s'organise : un lot de bijoux qu'il faut écouler auprès des revendeurs, du hasch pour qui en veut, des billets d'avion à prix réduit, des Lacoste made in Dakar, tout s'achète, tout se vend, et Harouna n'est pas le dernier à participer à ces échanges. Mais, quand les affaires sont enfin réglées, place à la musique. Courbé sur son instrument, Harouna perçoit alors les ondes de plaisir monter en lui, le picotement des doigts qui grimpe dans ses bras comme un flux sanguin.

Les bavardages s'éteignent peu à peu, bientôt relayés par de sourdes mélopées qui s'élèvent avec la fumée des cigarettes. Les mains se mettent à battre en cadence au rythme de la conga. Les corps se meuvent lentement, en une sorte de danse tribale. Si le feeling est bon, cela peut se prolonger jusqu'au matin, les phases de frénésie alternant avec des périodes plus calmes, où chacun semble plonger dans une forme d'extase. C'est dans ces moments-là qu'Harouna est le plus heureux. Il ne sent plus ses bras, plus sa fatigue. Ses paumes devenues blanches frappent et frappent encore comme si la musique ne devait plus jamais s'arreter. Tout au long de la soirée, les joints se succèdent au bord de ses lèvres, et sa poitrine n'est plus que fumée. Quand il s'endort enfin, la tête posée sur la table, à côté de son instrument, les autres se retirent sur la pointe des pieds, l'abandonnant à ses rêves.

Un soir, invité par des amis qui ont organisé une fête d'anniversaire dans une salle paroissiale de Clichy, Harouna joue ainsi pendant plus de huit heures d'affilée. Au matin, il manque de s'assoupir dans le métro qui le ramène jusqu'au foyer. « Une super fête », se dit-il en se couchant. Quelque temps plus tard, il se réveille, tenaillé par la faim. L'esprit encore embrumé, il se dirige vers les toilettes. Les yeux penchés machinalement sur la cuvette émaillée, il remarque alors quelque chose de bizarre : ses urines ont une drôle de couleur, foncée, entre le marron et le rouge. « Bah ! j'ai encore trop fumé hier soir. Faudrait que j'arrête l'herbe. Ça ne me vaut rien ». Il ressort, ne songeant plus qu'au petit déjeuner et à son footing.

Non content d'être un musicien hors pair, Harouna est un sportif émérite. Il court régulièrement, pratique la musculation au gymnase municipal et ne dédaigne pas, à l'occasion, de monter sur le ring pour donner la réplique à quelques copains boxeurs en phase d'entraînement. C'est dire que du haut de ses 1m 82 pour 78 kg, il en impose. Quant au médecin, c'est à peine s'il connaît, en dehors des visites obligatoires imposées par la médecine du travail. Tout juste se souvient-il d'une allergie aiguë qui lui avait valu, deux ou trois ans plus tôt, d'être couvert de boutons de la tête aux pieds. Une horreur ! Mais une simple piqûre administrée par le toubib du coin avait suffi pour que tout rentre dans l'ordre. Hormis cet incident, probablement dû à une intoxication alimentaire, rien à signaler : Harouna est un bloc que rien ne semble devoir entamer. Il a ce que l'on appelle une « santé de fer ». Il dort comme un bébé, mange comme un ogre et supporte l'exercice physique avec l'endurance d'un sportif de haut niveau.

C'est pourquoi, lorsqu'il retrouve Mamadou au restaurant ce matin-là, il ne pense même pas à lui parler de son anomalie urinaire. D'ailleurs, il n'a mal nulle part, pas un pouce de fièvre. En bref, il se sent en pleine forme, malgré la brièveté de sa nuit de sommeil, et il n'y a vraiment pas de quoi s'inquiéter, aucune raison d'alerter son ami.

Tout au plus Harouna éprouve-t-il en s'asseyant une vague douleur dans le bas du dos, mais il sait que lorsqu'il joue longtemps de la conga, c'est toujours comme ça : à force de rester debout, courbé sur l'instrument, les lombaires le tirent un peu. Quelques exercices d'assouplissement, un bon jogging, et on n'en parle plus !

La semaine suivante s'avère pénible pour Harouna. D'abord

au boulot, où les retards de fabrication se multiplient, ce qui lui vaut de se faire sévèrement sermonner par son chef d'équipe. Au niveau du moral, ensuite. Harouna vient d'apprendre que sa femme est à nouveau enceinte, à la suite de sa dernière visite au pays. Et la grossesse s'annonce difficile. On craint un accouchement prématuré. Ce qui, en Afrique, compte tenu des conditions sanitaires, présente bien des risques, tant pour la mère que pour l'enfant. Harouna est inquiet. Il se dit que sa place est auprès de sa femme, qu'il ne devrait pas rester ici. Mais il n'a pas d'argent pour payer l'avion. Et, de toute façon, rentré depuis trois mois à peine, il n'a droit à aucun congé. Enferré dans les soucis quotidiens, il oublie complètement ses problèmes urinaires du week-end précédant. D'autant qu'apparemment, tout est redevenu normal : aucune couleur suspecte n'a attiré son attention depuis dimanche. Comme quoi il n'y avait vraiment aucune raison de se paniquer.

Harouna a repris son entraînement quotidien aux percussions. Il ne veut pas perdre la main. Surtout qu'un grand concert est prévu samedi, lequel doit réunir à la salle des fêtes tous les Africains de Montreuil, et dont il sera le principal animateur, avec sa conga.

Encore une fois, ce soir-là, Harouna ne ménage pas ses efforts. Il a eu la veille de bonnes nouvelles de sa femme, et entend faire partager à tous son bonheur d'être bientôt encore papa. La fête se poursuit jusqu'à l'aube, et quand Harouna rentre se coucher au foyer, soutenu par Mamadou, le soleil se lève déjà sur la ville. Mais le vrombissement des voitures sur le boulevard périphérique n'empêche pas les deux acolytes de sombrer comme des masses dans le sommeil dès qu'ils ont rejoint leur lit respectif.

Quand Harouna émerge, quelques heures plus tard, son copain dort encore. La tête pleine du vacarme de la veille, il se plante, les jambes écartées, devant la cuvette des toilettes. Un jet marron se répand alors sur les parois d'émail. Le jeune homme n'en croit pas ses yeux. « C'est pas vrai, qu'est-ce qu'il m'arrive ? » Il prend à peine le temps de refermer sa braguette, et se rue sur Mamadou pour tout lui raconter. Mais celui-ci ne semble pas autrement étonné :

« Ne t'inquiète pas, vieux. C'est la coutume. Au pays, tout le monde sait ça. Si ton père était là, il te le dirait comme moi. Ce qu'il se passe aujourd'hui, ça veut dire tout simplement que tu es en train de devenir un vrai joueur de conga. Allez viens, on va aller célébrer ça au restaurant. C'est moi qui paye. Et surtout, ne t'affole pas. Tu verras, d'ici ce soir, ce sera fini ».

De fait, Harouna constate le même phénomène étrange par trois fois dans la journée. Mais, le lendemain, plus rien : ses urines ont retrouvé leur couleur normale, comme par enchantement. A tel point qu'il enfouit l'incident au fond de sa mémoire pour ne plus y repenser. La vie reprend son cours, les nuits à l'atelier, l'entraînement à la salle de musculation, les sessions de conga en fin d'après-midi. Un mois s'écoule sans rien à signaler.

Et puis, un matin, au réveil, un flux rouge se mélange à nouveau à l'eau bleutée des toilettes. Ce phénomène inexplicable se reproduit désormais une ou deux fois par semaine. Harouna est plus troublé qu'il ne veut le laisser paraître. Il tente d'en reparler à Mamadou qui ne l'écoute guère. Mais ce fatalisme tant africain ne convainc pas vraiment le jeune percussionniste. Certes, il ne se sent pas malade, mais tout de même, pisser rouge, c'est vraiment bizarre. Il a peut-être quelque chose de grave.

Il se décide enfin à aller consulter à l'hôpital. Le médecin qui le reçoit lui accorde une attention teintée de perplexité. Il prescrit des examens. Ceux-ci n'apportent aucun résultat probant : la prise de sang n'a révélé aucune trace de bilharziose, ni d'autres parasites pouvant provoquer des problèmes rénaux, les examens d'urines sont normaux, pas de sang ni d'infection décelés. Le médecin le rassure et lui confirme qu'il ne présente aucune anomalie. Sa tension comme son état général sont satisfaisants, il n'a pas de ganglions. Il ne semble pas utile au praticien de procéder à d'autres analyses, sauf si les crises reviennent.

Harouna ressort déçu de cette consultation. Il n'est qu'à demi rassuré. « En parfaite santé, il en a de bonnes, celui-là. On voit bien que ce n'est pas lui qui a du sang dans les urines un jour sur deux ». Le jeune homme pressent, en fait, qu'on ne l'a pas cru. Et c'est peut-être cela, plus que le reste, qui alimente son inquiétude. Mais il se résout à lui amener ses urines si l'épisode se reproduit.

Mais, pendant deux mois, les urines d'Harouna restent obstinément claires. Il finit donc par ne plus guère s'en soucier, quand, un dimanche midi, au lendemain d'une nouvelle nuit de fête, un jet marron réveille ses angoisses. Il a tout juste le temps de saisir le petit flacon de verre qu'il porte en permanence sur lui, dans la poche de son jean, depuis plusieurs semaines.

Muni de son échantillon, il se rend dès le lendemain au dispensaire le plus proche. Les conclusions sont immédiates : il s'agit bien de traces de sang.

Harouna fixe immédiatement un rendez-vous à l'hôpital. Après consultation, le médecin hospitalier prescrit une UIV, urographie intraveineuse.

« Je vous avertis, on va vous injecter un produit iodé dans les veines, afin de visualiser le système rénal. »

Hélas ! l'examen ne révèle aucune anomalie. Les reins d'Harouna sont en parfait état de marche, et rien, décidément, ne permet d'expliquer les traces d'hémoglobine relevées dans les urines du jeune homme.

L'anxiété habite de plus en plus Harouna. Quel est donc ce mal étrange que même les médecins ne comprennent pas ? Aurait-il été envoûté ? Veut-on le punir d'avoir abandonné sa femme et ses enfants ? D'habitude si enjoué, Harouna se replie sur lui-même. On ne le voit plus guère au café, ni à la salle de sport. Enfermé dans sa chambre, il rumine sans cesse de sombres pensées.

Un soir pourtant, alors qu'il est assis seul à une table de la pièce commune, un copain qu'il a à peine croisé, quelques rares fois, vient s'installer face à lui avec son Coca. Sans savoir pourquoi, Harouna s'ouvre d'un seul coup à cet inconnu. Il lui raconte tout d'un trait les paniques de ces derniers mois, sans rien omettre de ses doutes et de ses peurs.

Ce dernier le laisse parler. Puis, il dit qu'il connaît quelqu'un qui a déjà eu tout ça, un pote du Mali. Un superjoueur de djembé qui est allé voir un grand spécialiste des reins qui l'a beaucoup aidé. Il lui promet de lui communiquer les coordonnées très vite.

Quelques jours plus tard, n'y tenant plus, en proie à d'insupportables angoisses, ce qu'il ne lui était jamais arrivé, Harouna consulte le néphrologue, spécialiste des reins ; il pénètre timidement dans le vaste cabinet du XVIe arrondissement, impressionné par la hauteur des fenêtres, l'épaisseur de la moquette, la profondeur des fauteuils de cuir noir.

Harouna, très tendu, entame le récit de ses malheurs récents, encouragé par la bonhomie du praticien qui l'écoute en souriant. A dire vrai, le néphrologue ne semble pas plus inquiet ni étonné que cela. C'est un cas qui lui est désormais familier. Par précaution, il demande cependant au jeune percussionniste de procéder à de nouveaux examens d'urines. Au terme de ceux-ci, son diagnostic est évident : ces traces suspectes qui ont tant rongé Harouna ne sont rien d'autre que la conséquence de ce qu'il est convenu d'appeler une « hémoglobinurie d'effort », provoquée par la pratique répétée des percussions.

Diagnostic

Harouna présente des épisodes d'hémoglobinurie d'effort, maladie rare, peu connue, sans gravité, due à une destruction mécanique des globules rouges, qui entraîne une libération d'hémoglobine dans le plasma sanguin, passant ainsi facilement le filtre rénal et se retrouvant dans les urines à un taux élevé. D'où cette couleur marron brune des urines.

Ces épisodes surviennent toujours après des séances de percussions, pendant lesquelles Harouna effectuait des contractions importantes, jouant de nombreuses heures en frappant de façon brutale et prolongée sur les peaux tendues des congas. Il générait ainsi des traumatismes répétés des vaisseaux de la paume des mains et des doigts, ce qui déclenchait une altération des globules rouges et un flux d'hémoglobine dans le sang, puis dans les urines. Pendant les séances, les joueurs sont debout, tendus, courbés, en mauvaise position, l'instrument entre les jambes, provoquant ainsi des tensions musculaires suivies de douleurs.

Le diagnostic de l'hémoglobinurie d'effort est difficile, car c'est une maladie que les médecins rencontrent peu souvent. Les sujets généralement en bonne santé, jeunes, sportifs, ne présentent aucune autre anomalie que cette couleur des urines qu'eux-mêmes ne constatent que de temps à autre. Cet épisode pathologique qui n'arrive pas forcément pendant la consultation médicale, empêche donc le praticien d'avancer dans son diagnostic. Devant la répétition de ces symptômes, face à l'inquiétude des patients, le médecin élimine un problème rénal, ou d'autres affections comme la bilharziose (maladie parasitaire très fréquente en Afrique , en effectuant une prise de sang, une UIV (urographie intraveineuse , une analyse d'urines.

L'examen clinique du sujet est presque toujours normal, car il s'agit généralement d'hommes aux performances physiques plutôt supérieures à la normale.

Ces signes se manifestent dans les heures qui suivent un exercice de longue durée. Ils restent transitoires, ne se reproduisant pas systématiquement, avec une évolution capricieuse, qui peut persister toute la vie ou disparaître en quelques mois. Le diagnostic est par là même plus complexe.

Cette pathologie évolue bien, car les complications d'anémie et d'insuffisance rénale sont exceptionnelles.

L'hémoglobinurie d'effort apparaît également chez des individus bien précis :

— Soldats qui effectuent des courses de plusieurs kilomètres sur une route goudronnée, avec des chaussures aux semelles fines. (L'hémoglobinurie naît alors à cause des traumatismes répétés de la plante des pieds sur le goudron).

— Coureurs de fond, de saut d'obstacles, les marathoniens, pour les mêmes raisons.

— Sportifs pratiquant une gymnastique de type flexion/extension des jambes pendant près d'une heure.

— Karatékas, joueurs de pelote basque, la destruction des globules rouges s'effectuant au niveau de la paume des mains.

— Schizophrènes qui se frappent le front et les cuisses de manière répétitive toujours avec les mains.

Le diagnostic de l'hémoglobinurie d'effort est possible à partir du seul interrogatoire, quand les médecins ont déjà été confrontés à cette maladie, et qu'ils ont éliminé une pathologie plus ennuyeuse. Mais les praticiens, excepté les néphrologues, spécialistes des maladies rénales, restent souvent dubitatifs face à ces symptômes. En effet, une fois que les examens propres à déterminer d'autres affections se sont révélés négatifs, ils ne savent plus que penser.

Notons également la sensibilité de certains sujets plus prédisposés que d'autres à développer une destruction de leurs globules rouges. L'hypothèse d'une hémoglobinurie est aussi plausible grâce à la preuve de la présence d'hémoglobine dans les urines, avant et après un effort prolongé.

Nombre des individus précités n'ont jamais trouvé de réponses par rapport à ce phénomène qui ne les a, par ailleurs, jamais beaucoup perturbés dans leur vie quotidienne.

Il est essentiel de rassurer tous ces patients apparemment atteints d'hémoglobinurie d'effort. Après avoir éliminé une pathologie plus lourde, voici des conseils appropriés : boire beaucoup avant et après l'exercice et essayer de protéger les zones soumises aux tensions violentes et répétées, en diminuant la surface de contact et en amortissant les chocs (semelles en caoutchouc pour les coureurs, par exemple).

Élodie

A l'hôpital Sainte-Geneviève-des-Bois, tout le monde se souvient de cette maman tellement adorable et de sa petite fille Elodie. Celle-ci, âgée de quatre ans et demi, avait été hospitalisée en urgence, à la suite d'un surprenant problème de santé. En quinze jours, la gamine avait perdu près de trois kilos. Ses parents étaient arrivés affolés, expliquant qu'elle ne cessait de vomir et refusait quasiment toute nourriture solide. Effectivement, l'enfant était très pâle. Des cernes bleuâtres soulignaient son regard battu et elle semblait en proie à une immense fatigue. Son visage de poupée, tout chiffonné, était marqué comme celui d'un adulte. Un premier examen rapide montra qu'elle présentait les symptômes d'une déshydratation aiguë et apparemment inexplicable. Les médecins ordonnèrent un bilan sanguin et urinaire, et la placèrent aussitôt sous perfusion. Celui-ci mit en évidence une insuffisance rénale fonctionnelle avec une chute de potassium. Une question essentielle se posait : comment une enfant apparemment aussi bien surveillée avait-elle pu se déshydrater de façon aussi importante ? Les praticiens émirent alors l'hypothèse d'une maladie des reins. Mais une UIV (exploration destinée à visualiser les voies urinaires) et une échographie éliminèrent totalement cette éventualité. Voilà qui s'avérait fort étonnant.

On décida donc de maintenir Elodie quelques jours en

observation. Sa maman avait obtenu de rester auprès d'elle jour et nuit. On lui avait installé un lit d'appoint, dans l'angle de la chambre, face à la porte d'entrée, qu'il fallait replier chaque matin pour permettre les soins. Mais la jeune femme ne s'en plaignait pas du tout, bien au contraire. Elle suivait avec une attention sans relâche les progrès de sa petite fille, se chargeant elle-même de sa toilette ou de ses repas pour soulager des infirmières débordées qui n'avaient cesse de l'en remercier : une maman aussi prévenante et efficace, c'était une véritable bénédiction. La chambre fut bientôt envahie de montagnes de cadeaux, peluches, poupées, jeux de société, livres illustrés qui ravissaient la gamine et contribuaient à mieux faire passer les analyses auxquelles elle était soumise quotidiennement. Tant et si bien que cette hospitalisation forcée prit l'allure d'un heureux épisode de vacances, et qu'Elodie n'en ressentit pas le moindre traumatisme. Elle semblait même ravie qu'on s'occupe d'elle de telle manière, avec autant d'empressement et de zèle : pensez donc, échapper à l'école et avoir sa maman tout à elle, la journée entière, c'était un vrai rêve ! D'ailleurs, elle se rétablit fort rapidement. Au bout de huit jours, elle fut autorisée à sortir, ayant manifestement recouvré son dynamisme coutumier. Avant de partir, elle exigea d'embrasser toutes les infirmières présentes, et leur promit de revenir les voir bientôt.

Quant à la maman, elle était pleinement rassurée : aucun symptôme nouveau n'était apparu durant la semaine, sa fille débordait d'énergie, et les médecins s'étaient montrés très optimistes. Selon eux, il s'agissait, à l'évidence, d'un problème passager qui n'avait aucune raison de resurgir, même s'il fallait demeurer vigilant.

La vie reprit donc son cours normal pour Elodie et ses parents. Contrairement à ses habitudes, la petite fille retrouva sans rechigner le chemin de l'école, toute fière d'avoir à raconter son aventure à la maîtresse et à ses copines. Le premier jour, elle piaffait même d'impatience devant la grille du pavillon que sa mère ne parvenait pas à boucler, cherchant désespérément la clé au fond de la poche de son manteau de lainage. Car, chaque matin, Brigitte Jurastik accompagnait son enfant à la maternelle. Elle ne travaillait pas et, depuis son mariage avec Henri, elle avait abandonné toute velléité dans ce domaine. A la naissance d'Elodie, en accord avec son mari, elle avait décidé de se consacrer entièrement à elle. Au demeurant, Henri, ingénieur en informatique dans une filiale d'une grosse société américaine installée dans la zone industrielle de l'aéroport d'Orly, jouissait d'un salaire assez conséquent pour les mettre à l'abri de tout souci matériel. Le nécessaire était assuré, et même le superflu, puisqu'ils s'offraient régulièrement des vacances aussi lointaines qu'exotiques. L'hiver précédent, Brigitte, qui adorait la chaleur, avait réservé un bungalow aux Antilles, à Saint-Martin. Un séjour idyllique ! Pendant une semaine, Henri avait assidûment pratiqué la pêche sous-marine, et Elodie avait lié amitié avec une kyrielle de petits copains et copines. Elle était rentrée toute bronzée, les cheveux blondis par le soleil et l'eau de mer, jolie à croquer. Forte de ce succès, Brigitte s'était juré de recommencer l'expérience dès que l'occasion se présenterait : elle envisageait une croisière dans les Caraïbes pour l'été prochain. Car, de toute évidence, ces ruptures du quotidien étaient bénéfiques pour tout le monde, et d'abord pour Elodie qui s'était révélée dès sa naissance comme une enfant un peu fragile. Dès l'âge de deux ans, elle avait été victime, coup sur coup, de multiples infections urinaires. Brigitte se souvient encore de la première fois où elle avait découvert une odeur fétide dans ses urines. Un cauchemar ! Il avait fallu procéder à de nombreux examens, notamment une UIV. Fort heureusement, ceux-ci n'avaient rien détecté d'inquiétant : tout était parfaitement normal. Et, une simple administration d'antibiotiques avait suffi à enrayer chaque crise. Pourtant, Elodie en était restée très marquée : pendant des mois, elle n'avait pu approcher un médecin ou une infirmière sans se mettre à hurler. Son caractère était devenu ombrageux. Elle se mettait en colère pour une broutille, n'acceptait aucune remontrance, fondait en larmes à la moindre contrariété et se plaignait sans cesse de migraines violentes que le pédiatre avait attribuées à des angoisses psychomatiques. De ce fait, son intégration à l'école avait été problématique, la maîtresse étant, de son propre aveu, souvent désemparée face à des accès de fureur aussi subits qu'inexpliqués.

Pourtant, Brigitte avait insisté, car elle estimait que sa fille devait absolument apprendre à côtoyer d'autres enfants. D'ailleurs, peu à peu, les choses s'étaient améliorées, au fur et à mesure que se raréfiaient les ennuis de santé. Au point qu'à quatre ans et demi, Elodie passait quasiment pour une élève modèle, fort précoce dans ses apprentissages, notamment celui de la lecture pour laquelle elle semblait éprouver une véritable passion : elle demandait de nouveaux livres et n'avait de cesse de réclamer à son père qu'il lui lise des histoires dès son retour du travail.

En dépit de l'hospitalisation récente d'Elodie, Brigitte Jurastik pouvait donc se montrer sereine. A presque trente-trois ans, elle passait pour une jeune femme active, bien dans sa peau, dont la silhouette élégante attirait fréquemment le regard des hommes dans la rue. Elle pratiquait assidûment la gymnastique dans une petite salle de sport, à deux pas de chez elle, en contrebas de la gare SNCF. Elle en appréciait l'atmosphère provinciale, pour ne pas dire familiale, y avait ses habitudes, y retrouvait des copines avec qui papoter dans les vestiaires ou au café d'à côté, après le cours. Bref, elle s'y sentait bien et ne se voyait pas du tout changer pour l'un de ces clubs modernes, genre usine à muscles qui proliféraient dans les environs. L'entretien de la maison, celui du jardin, un peu de lecture, sans compter l'éducation de sa fille et quelques sorties à Paris pour y retrouver des amis, suffisaient à remplir ses journées. De son propre aveu, elle n'avait pas une minute à elle et n'arrêtait pas de courir. Au volant de sa petite Opel Corsa rouge, elle sillonnait la région du matin au soir, naviguant allègrement entre le supermarché, le groupe scolaire que fréquentait sa fille, le club de gym ou le Garden-Center qu'elle considérait un peu comme sa seconde maison depuis qu'elle s'était mise au jardinage. Toujours souriante, elle disait elle-même qu'elle ne savait pas ce que c'était que s'ennuyer, et sa belle humeur constante faisait plaisir à voir, surtout pour qui savait les épreuves qu'elle avait dû traverser récemment. Mais cela ne semblait nullement entamer son courage et sa jovialité proverbiale : elle était toujours là pour remonter le moral d'une copine ou d'une voisine en difficulté.

Lorsqu'elle s'était installée à Epinay-sur-Orge, en grande banlieue parisienne, au tout début de son mariage, elle avait pourtant vécu une période pénible, persuadée qu'elle ne s'habituerait jamais à cette vie nouvelle, loin de ses amis, de ses parents et du centre de Paris où elle avait toujours habité depuis l'enfance. Elle avait même fait un début de dépression. Tout, dans ce village-dortoir typique de la périphérie des mégalopoles, lui apparaissait triste, gris et terne. Quand elle était arrivée dans un vaste pavillon de meulière, genre demeure de maître, qui avait, racontait-on, appartenu autrefois à un ministre, elle s'était mise à pleurer, refusant de déballer le moindre carton et suppliant son mari de retourner immédiatement à Paris.

Il avait fallu tout l'amour de ce dernier, toute sa force de conviction de jeune marié, pour la persuader d'essayer au moins quelque temps. Et, au fil des jours, elle avait fini par s'y plaire.

Les premiers mois avaient été entièrement consacrés à l'aménagement intérieur de la maison. Brigitte s'était alors découvert une véritable vocation pour le bricolage. Elle avait appris à manier avec dextérité scie, marteau, décolleuse à papier peint, pinceaux, tournevis et autres ponceuses. Même Henri n'en revenait pas : il n'aurait jamais cru son épouse capable de telles prouesses manuelles. En un tour de main, et avec l'aide de quelques spécialistes dûment menés par ses soins, elle avait transformé un décor vieillot en un univers high-tech pour pages de magazine de décoration. De spacieuses pièces claires, au mobilier sélectionné avec soin, s'ouvraient désormais sur le jardin, donnant à l'ensemble une atmosphère à la fois chaleureuse et de bon goût. Au demeurant, Brigitte n'était pas peu fière de son travail, et c'est avec un plaisir non dissimulé qu'elle faisait visiter son « humble logis » à ses amis ou aux relations d'affaires de son mari, affichant une fausse modestie qui ne trompait personne.

Elle s'était ensuite lancée, avec un égal enthousiasme, dans l'ordonnance du jardin qui s'était peu à peu mué en mini-parc à l'anglaise, sous le regard incrédule des voisins. Tirant parti du moindre dénivelé du terrain, elle avait planté quantité de bosquets qui avaient tissé un véritable labyrinthe de verdure autour du pavillon, lui conférant une allure de petit Versailles de banlieue. Ce qui n'avait pas manqué de susciter certains sarcasmes alentour. Mais elle était bien trop occupée pour se soucier du qu'en-dira-t-on.

Pourtant, malgré ses multiples activités, Brigitte, sans se l'avouer vraiment, sentait comme un vide en elle. Elle finit par se convaincre et par persuader Henri qu'elle désirait un enfant. Avec sa diligence coutumière, moins d'un mois plus tard, elle était enceinte. Mais la grossesse s'était avérée difficile. Des complications, survenues dès le début du troisième mois, l'avaient obligée à garder le lit. Le médecin lui avait interdit de se lever, brandissant la menace d'une fausse couche si la jeune femme ne respectait pas scrupuleusement ses consignes. Pour elle, d'habitude si dynamique, ce fut une véritable épreuve. Elle en vint même à regretter sa subite décision de maternité.

Au début du septième mois, elle faillit accoucher prématurément. Une hospitalisation d'urgence permit d'éviter le drame de justesse. Brigitte avait pu rentrer chez elle au bout d'une semaine, mais son état nécessitait désormais la visite quotidienne d'une sage-femme.

Celle-ci, une quinquagénaire aux formes généreuses et à la voix de stentor, la reprimandait gentiment tout en vaquant à ses tâches proprement médicales, contrôle du col utérin, monitoring, enregistrement des bruits du cœur du fœtus, autant de gestes que la future maman supportait de plus en plus mal.

Son gynécologue l'avait avertie : elle risquait d'accoucher avant la date prévue. Mais, à l'inverse, le bébé se fit attendre jusqu'au dernier moment. Les ultimes semaines furent épouvantables. Brigitte n'en pouvait plus de rester allongée ainsi, en proie à des migraines incessantes qui l'épuisaient littéralement. Elle se trouvait laide, tellement laide qu'elle refusait tout contact physique avec Henri. Niant l'évidence, elle l'accusait d'être responsable de tout, de sa disgrâce physique, de son immobilisation, de ses douleurs. Elle en vint à prononcer des phrases terribles, hurlant que ce bébé, elle le haïssait avant même qu'il soit né. Henri dut faire preuve de beaucoup de patience pour surmonter cette épreuve. Mais son irrésistible envie d'être papa lui permit de tenir le coup.

Brigitte en était à un tel degré de fatigue et d'exaspération morale qu'elle demanda, au bout du huitième mois, à ce qu'on déclenche l'accouchement. Mais le gynécologue s'y refusa : pour lui, il fallait laisser les choses évoluer naturellement tant que la grossesse se poursuivait ainsi, sans complication supplémentaire. A cette décision sans appel, la jeune femme connut un nouvel accès de dépression qui ne fut pas sans inquiéter son entourage. Mais le médecin demeura inflexible et maintint son point de vue, malgré les pressions diverses dont il était l'objet.

Enfin, Brigitte fut libérée dix jours avant terme. L'accouchement, effectué sous péridurale, ne posa aucun problème. Mais Henri ne put y assister : sa femme s'y était énergiquement opposée. C'est donc seule avec l'obstétricien qu'elle mit au monde une petite Elodie de 3 kg 100, un mardi de juin, à 2 heures du matin.

D'emblée, Brigitte ne voulut pas allaiter son enfant, sous le prétexte que la grossesse l'avait suffisamment exténuée, et son attitude à l'égard d'Elodie, un curieux mélange d'apaisement, de bonheur et en même temps d'indifférence, semblait quelque peu étonnante, à qui voulait bien y prêter attention : d'un côté, elle ne montrait guère d'empressement à prendre sa fille dans ses bras, à la cajoler comme le font d'instinct toutes les jeunes mères ; de l'autre, elle la couvrait de cadeaux, de jouets, de layette somptueuse comme pour compenser l'affection qu'elle n'était pas capable de lui offrir.

Henri, tout à sa joie d'être papa, ne s'alarma pas du comportement de sa femme, et mit tout ça sur le compte d'une grossesse pénible. C'est d'ailleurs lui qui assuma seul les premières nuits, se relevant toutes les deux ou trois heures pour calmer les pleurs du bébé et lui donner son biberon. Car Elodie se révéla très tôt comme une enfant à problèmes : ce n'est qu'à partir du huitième mois qu'elle commença à dormir normalement, accordant enfin un peu de répit à ses parents. Mais à peine la question du sommeil avait-elle été résolue qu'il fallut affronter une autre difficulté d'un tout autre ordre : Elodie vomissait après chaque repas, comme si elle se refusait à garder le moindre aliment. Et sa maman avait beau s'énerver, tempêter, crier, rien n'y faisait. Plusieurs visites successives chez le pédiatre eurent enfin raison de cet étrange phénomène qui disparut à peu près aussi vite qu'il s'était manifesté.

Peu à peu, Brigitte se montra plus ouverte à son rôle de mère, plus attentive aussi. Certes, son attachement à l'égard d'Elodie s'avérait fort particulier, les phases d'irritation alternant régulièrement avec des accès de tendresse frénétique. De toute évidence, elle supportait mal les pleurs, pourtant inévitables à cet âge, de son enfant, et perdait aisément patience. Mais, par ailleurs, elle préparait avec minutie ses repas, l'habillait, la changeait constamment de tenues comme s'il s'agissait d'un baigneur. Et, surtout, elle la comblait de cadeaux insensés, emplissant sa chambre de peluches démesurées ou de poupées sophistiquées, inadaptées à l'âge de sa fille. Henri avait bien tenté de la réfréner dans ses achats, mais en vain : rien n'était trop beau pour Elodie. Et d'ailleurs, ils en avaient les moyens.

Quand Elodie souffrit de ses premiers problèmes urinaires, Brigitte se chargea sans rechigner de tous les soins, harcelant même le pédiatre quotidiennement et s'indignant qu'il ne trouve pas plus vite de solution aux maux dont son enfant était victime. Tout le monde, à commencer par son mari, fut obligé de reconnaître son extrême dévouement et nul ne songea plus, alors, à remettre en cause son instinct maternel. Elle consacra toute son énergie à dorloter sa fille, au point de forcer l'admiration de tous, y compris médecins et infirmiers.

Au retour de sa première hospitalisation à Sainte-Geneviève-des-Bois, Elodie connut encore quelques petites infections urinaires, mais de plus en plus rares, de plus en plus espacées. Puis, elles disparurent complètement après un an de traitements répétés et méticuleux. La fillette profita donc d'une phase de répit mais qui ne fut — hélas ! — qu'une courte rémission, une sorte de prélude à des tracas beaucoup plus graves.

Un matin de juin, quelques jours seulement avant son septième anniversaire, Elodie se plaignit auprès de sa mère, de violentes douleurs abdominales. Au départ, Brigitte n'y prêta guère attention. C'est Henri qui la poussa finalement à aller consulter une nouvelle fois le pédiatre. Le médecin, surpris de l'intensité des élancements, se mit à noter avec précision ce qu'Elodie lui racontait au sujet de ses fréquentes envies d'uriner, accompagnées de terribles brûlures. De toute évidence, il était soucieux. Après quelques instants de réflexion, il conseilla à Brigitte d'emmener Elodie au centre hospitalier le plus proche, pour un bilan d'urgence. Il rédigea une ordonnance dans ce sens, qu'il remit à la jeune maman.

C'est ainsi qu'Elodie fut hospitalisée pour la seconde fois en moins de trois ans à Sainte-Geneviève-des-Bois. L'interne de garde, qui l'examina dès son arrivée, constata bien une douleur qui irradiait du dos, passait sur le flanc droit pour atteindre l'aine et provoquait les hurlements d'Elodie. La fillette ne présentait pas de fièvre, et l'abdomen restait souple au toucher : il ne pouvait donc être question d'une crise d'appendicite. Le médecin diagnostiqua alors une colique néphrétique. Diagnostic au demeurant confirmé par les propos de la maman, qui résuma en quelques phrases les problèmes urinaires qu'avait connus Elodie depuis son plus jeune âge, ainsi que sa précédente hospitalisation. Il demanda à l'infirmière d'effectuer immédiatement une injection pour soulager Elodie.

Le praticien ne put s'empêcher de s'étonner à haute voix des détails tellement pointus qu'apportait Brigitte, et du vocabulaire médical extrêmement juste qu'elle employait :

« Ma parole, vous feriez un excellent médecin ».

La maman parut sincèrement flattée de ce compliment.

Elle se garda pourtant bien d'avouer que c'était là son rêve le plus cher, depuis qu'elle était toute petite. Née dans une famille de médecins — son père et son grand-père l'étaient — elle avait baigné pendant sa jeunesse dans un univers médical dont elle se sentait la légitime héritière. Dès ses études au lycée, elle s'était fixée ce but : poursuivre la vocation de la dynastie familiale et se spécialiser dans les problèmes de l'enfance. Hélas ! le sort, ou les aptitudes, en avait décidé autrement.

Après le baccalauréat, elle s'était inscrite à la faculté de médecine, afin d'entreprendre des études pour lesquelles elle se jugeait prédestinée. Elle s'était faite recaler en première année, mais n'avait pas renoncé pour autant, et avait redoublé. Malheureusement, cette solution s'avéra également infructueuse : elle n'avait pas réussi à atteindre une place suffisante au concours pour passer en deuxième année. Et cet échec, l'échec de sa vie, elle ne l'avait jamais accepté.

S'ensuivit une dépression sévère de près de deux ans. Deux années pendant lesquelles Brigitte avait ruminé son infortune qu'elle considérait comme une injustice flagrante. Par la suite, elle avait poursuivi sans conviction de vagues cours de psycho qu'elle n'avait jamais cherchés à terminer : elle ne s'était même pas donné la peine de se présenter aux examens finaux.

Elle avait alors mené durant quelque temps une existence semi-oisive, conforme, finalement, à ce qu'on attendait d'une jeune fille issue d'un milieu doré comme le sien. Elle avait fréquenté les boîtes de nuit avec assiduité, les rallyes de la banlieue ouest et les stations de sports d'hiver les plus huppés, à la recherche, sans doute, d'un mari qui voudrait bien d'elle. C'est d'ailleurs à Val-d'Isère qu'elle avait rencontré Henri, un garçon de bonne famille promis à un brillant avenir d'informaticien : il était en passe d'achever ses études d'ingénieur. Eut-il été légitime de parler d'un coup de foudre ? Rien n'est moins sûr. Ce qui est certain, en revanche, c'est qu'à compter de ce jour, Brigitte se montra beaucoup plus équilibrée. Les préparatifs du mariage semblèrent effacer toutes ses vieilles rancunes, et c'est une jeune femme épanouie qui, le matin de ses noces, entra dans l'église Saint-Médard au bras de son père.

Plongée dans ses pensées, Brigitte avait fini par perdre le fil de ce que lui expliquait le jeune interne au sujet de sa fille. Elle parvint néanmoins à se ressaisir quand celui-ci, en torturant méthodiquement un élastique, entama le chapitre des analyses auxquelles il entendait soumettre une nouvelle fois Elodie, et qui nécessiteraient quelques jours d'hospitalisation. Avant même qu'il en ait terminé, la jeune femme lui donna son accord sans paraître douter une seule seconde de ses arguments et de leur bien-fondé. Elle s'en remettait à lui en toute sécurité.

Pendant cinq jours, Elodie eut donc à subir toute une série de nouveaux examens, prises de sang, analyses d'urine, échographie, UIV. Une fois encore, sa maman resta avec elle jour et nuit, dormant dans sa chambre, l'aidant à faire sa toilette, assistant les infirmières dans leur travail. Toujours gaie et volubile, elle discutait avec tout le monde, allait chercher des croissants frais chaque matin pour l'ensemble des employés, plaisantait avec les malades, et remontait le moral de ceux qui craquaient. Bref, pendant une petite semaine, elle devint véritablement le rayon de soleil du service, installant un réel climat de confiance entre elle et le personnel soignant. Pourtant, au bout du compte, les médecins durent reconnaître combien les symptômes d'Elodie les laissaient perplexes : malgré des analyses poussées, ils ne parvenaient pas à comprendre les causes de ses coliques néphrétiques.

Ils l'autorisèrent donc à sortir, recommandant à Brigitte de surveiller ses urines et, bien sûr, de consulter sans hésitation si les douleurs réapparaissaient.

De retour à la maison, la jeune femme se montra indéniablement irritée de tant de dérangements pour un aussi piètre résultat. Elle s'en prit au pédiatre qui avait ordonné l'hospitalisation, fustigeant son incompétence notoire. Elle convint avec Henri de changer de médecin si Elodie devait, dans l'avenir, subir de nouveaux problèmes de santé.

Mais, pendant un an, la question ne se posa plus. La fillette retrouva une existence paisible, franchissant sans difficulté apparente les étapes de sa scolarité primaire, et renouant même avec l'insouciance et la joie de vivre propres aux enfants de son âge. Brigitte l'avait inscrite à un cours de danse classique où elle s'était liée avec plusieurs autres gamins, et elle semblait définitivement sortie d'affaire.

Pourtant, peu après son entrée en CM1, ses douleurs se déclarèrent à nouveau. Elles étaient certes moins violentes, mais plus fréquentes, presque quotidiennes. A plusieurs reprises, elle dut quitter l'école en catastrophe. Puis le répit se produisait après l'émission d'un petit calcul, à peine plus gros qu'une tête d'épingle. Bien sûr, Brigitte prit aussitôt rendez-vous avec un pédiatre de Longjumeau dont une autre maman lui avait vanté les mérites.

Mais ce dernier, un quadragénaire à la mine bonhomme et aux rondeurs rassurantes, fut à son tour contraint d'admettre son incapacité à déterminer les causes de l'affection d'Elodie. Lui non plus ne comprenait pas pourquoi elle présentait autant d'épisodes de coliques néphrétiques qui revenaient à une cadence aussi rapprochée.

Pour la troisième fois donc, Elodie fut hospitalisée à Sainte-Geneviève-des-Bois, toujours dans le même service dont elle était devenue, bien malgré elle, une habituée. Brigitte avait apporté un calcul qu'elle avait recueilli en tamisant les urines de sa fille, comme le pédiatre le lui avait conseillé. Mais le bilan de santé effectué sur la fillette s'avéra une fois de plus désespérément normal. A coup sûr, les médecins y perdaient leur latin. Ce qui les troublait le plus, c'était qu'Elodie, malgré tous ses ennuis, se développait harmonieusement et poursuivait sa croissance sans entraves.

Brigitte, pour des raisons administratives, ne fut pas autorisée à dormir à l'hôpital. Mais, dès 9 heures du matin, elle était là, et ne repartait que tard le soir, vers 20 heures, bien après les dernières visites permises. Désormais, tout le monde la connaissait, les infirmières l'adoraient, elle était ici comme chez elle et faisait quasiment partie intégrante de l'équipe. Elle assurait en quelque sorte les fonctions d'aide soignante.

A son arrivée, elle avait toujours avec elle un panier rempli de cadeaux à distribuer, des croissants, du chocolat, un jeu de cartes, un ballon, et entreprenait le tour des chambres avec son chargement, adressant un petit mot gentil à chacun, avant de rejoindre Elodie.

Mais le chef du service commençait à la trouver un brin envahissante. Il lui reprochait de se mêler un peu trop des activités proprement médicales. Il faut avouer que Brigitte trouvait son mot à dire sur tout et n'importe quoi, au point que les infirmières n'osaient presque plus travailler sans lui demander son avis.

Un jour, lors d'une visite du staff de l'hôpital, on frôla le drame. Alors que le professeur expliquait à son auditoire empressé d'internes, d'infirmiers et de surveillants, qu'Elodie, malgré ses problèmes de santé restés sans solution à ce jour, était une belle enfant qui grandissait très bien, Brigitte lui coupa brutalement la parole, l'accusant de raconter des inepties et de ne rien comprendre aux terribles maux dont souffrait sa fille. Le médecin, qui n'était pas homme à s'en laisser compter après plus de trente années d'exercice, la rabroua vertement, et lui intima l'ordre de ne plus s'ingérer désormais dans les questions purement médicales et de s'en tenir à son rôle de mère attentionnée, qu'elle assumait fort bien au demeurant. L'incident, vite clos, était malgré tout révélateur de l'ambiguïté de l'attitude de Brigitte depuis le début. Car, si d'un côté, elle s'impliquait de tout cœur dans la maladie de sa fille, ne supportant pas l'idée qu'on ne trouve pas les causes de celle-ci, de l'autre, elle semblait assez indifférente quant aux résultats des examens, comme si, au fond, elle n'était pas pressée d'aboutir à une guérison prochaine.

Pendant la durée de son hospitalisation, Elodie ne connut pas de nouvelle crise, et ne rejeta par là même aucun calcul. Par chance, sa maman avait pu en recueillir un au préalable. Et son analyse permit d'avancer un peu dans le diagnostic et de conclure à une lithiase [1] des voies urinaires par calculs d'oxalate [2] de calcium.

Forts de ces déductions, les médecins autorisèrent Brigitte à ramener sa fille chez elle, tout en lui recommandant de la faire boire beaucoup.

1. Formation de calculs (concrétions pierreuses) dans un appareil glandulaire ou dans ses voies secrétrices.
2. Sel de l'acide oxalique.

Mais, malgré ce régime, les coliques néphrétiques reprirent de plus belle. En un an, Elodie allait émettre plus de quarante calculs, au cours de crises de plus en plus violentes et de plus en plus rapprochées. La fillette en sortait quasiment exsangue, et ses résultats scolaires commencèrent à en pâtir.

A la suite d'une crise encore plus terrible que d'habitude, elle fut à nouveau hospitalisée dans un service de néphrologie. On procéda alors à un examen plus précis des derniers calculs que sa mère avait pris soin de recueillir, comme à l'accoutumée. Un spectrophotomètre à infrarouges put mettre en évidence l'oxalate de calcium déjà connu, et un sulfate de nature indéterminée.

Mais, pour le reste, rien à signaler : les voies urinaires de l'enfant apparaissaient absolument conformes à la nature. Ce bilan posait en fin de compte plus de questions qu'il n'en résolvait : comment l'organisme d'une petite fille de cet âge pouvait-il fabriquer de si nombreux calculs, alors que ses examens biologiques étaient normaux et que les radios ne visualisaient jamais rien ? Les médecins étaient d'autant plus perplexes qu'ils n'avaient jamais pu constater, par eux-mêmes, l'émission de ces maudits calculs. Faute de mieux, ils se contentèrent de conseiller à Brigitte une consultation mensuelle chez un néphrologue, avec bilan sanguin et urinaire à chaque fois.

Il fallut attendre un nouvel accès de douleurs, un mois plus tard, pour découvrir enfin la clé de ce mystère. Cette fois encore, le calcul apporté par Brigitte fut étudié en spectrophotométrie [1] à infrarouges. Son analyse révéla bien sûr la présence de l'oxalate de calcium, composant fréquent des lithiases, mais mit également en évidence des produits peu banals, comme du gypse. Comment de tels éléments avaient-ils pu arriver là ? Une seule possibilité : ils avaient été introduits de l'extérieur, autrement dit par voie orale, presque à coup sûr.

L'affaire prit alors la tournure d'une véritable instruction

1. Technique permettant d'étudier les différents constituants d'un calcul.

policière. L'enquête avançait. Les doutes se précisaient, mais toujours sans preuve formelle. Jusqu'à ce qu'un biologiste, sous l'effet d'une impulsion subite, ait l'idée d'analyser de la même manière un fragment du crépi recouvrant les murs de la pièce où il travaillait : celui-ci montrait des spectres parfaitement superposables à ceux des calculs remis par la maman d'Elodie.

On venait ainsi de comprendre avec horreur que Brigitte Jurastik avait provoqué elle-même les crises de sa fille, probablement en lui faisant ingérer un liquide qui contenait des débris similaires à ceux du crépi du laboratoire.

Diagnostic

Brigitte, la maman de la petite Elodie, était atteinte du syndrome de Meadow[1]*, maladie décrite en 1977 par le docteur R. Meadow, pédiatre anglais : une personne de l'entourage d'un enfant déclenche des manifestations symptomatiques d'une affectation chez cet etre innocent, et cela pendant une durée variable. Aucun bénéfice matériel n'en résulte, et le seul but apparent, c'est que l'enfant joue vraiment un rôle de malade.*

Ces patients parviennent aisément à tromper les médecins durant de nombreuses années, car ils utilisent un vocabulaire médical très précis, savent à quel moment troubler le praticien et l'égarer dans un diagnostic erroné. Le syndrome de Meadow ne doit jamais etre considéré à la légère, car le comportement de la mere risque d'aboutir à des mutilations sévères chez son enfant, propres même parfois à entraîner la mort. Cette maladie induit de graves sévices corporels.

Ce sont les meres qui se révèlent le plus souvent responsables. Pourtant, elles apparaissent au-dessus de tout soupçon, elles

1. A ne pas confondre avec le syndrome de Meadows, défaillance cardiaque survenant à la fin de la grossesse et surtout quelques semaines après l'accouchement, chez des femmes au cœur antérieurement sain.

sont hyperdévouées comme dans le cas décrit ci-avant, où la maman passait ses journées et ses nuits à l'hôpital au chevet de sa fille. Très coopérative, elle surveillait l'évolution des symptômes sur son enfant dans les moindres détails.

La personnalité de la mère est, dans la plupart des cas, mal définie : elle présente des traits d'hystérie, de paranoïa qui la rendent incapable de maîtriser des pulsions d'agressivité. Elle bénéficie directement de cette imposture, de ces mensonges répétés, et trouve dans l'univers médical un milieu chaleureux qui l'écoute avec attention et la considère même au début comme un être qui se sacrifie corps et âme à son enfant.

La mère souffre généralement d'une dépression qu'elle se plaît à minimiser et que personne ne soupçonne. Elle la compense et trouve son équilibre en manigançant des actes propres à déclencher différentes maladies. Elle échappe ainsi à la réalité quotidienne, à ses problèmes, à ses angoisses. Au moment du diagnostic, quand les médecins découvrent la supercherie, elle commence par nier son rôle puis sombre ensuite dans une dépression aiguë.

Les préjudices infligés à l'enfant ne sont pas perçus comme tels par la mère, qui, bien que tout à fait consciente, ne réalise pas leur signification réelle et leurs conséquences capables de déboucher sur la mort qu'elle imputera alors en toute bonne foi à l'incompétence du corps médical.

Citons quelques exemples de maladies provoquées par les femmes atteintes de ce syndrome :

— Hématurie, sang dans les urines : elles ajoutent leur propre sang dans les urines de leur enfant.

— Crise d'épilepsie : elles la déclenchent en exercant une pression sur les sinus carotidiens.

— Somnolence : confusion par absorption de somnifères.

— Hypoglycémie : par injection d'insuline.

— Hémorragie : par prise d'anticoagulants.

— Colique néphrétique : elles font avaler à leur enfant des

composants extérieurs à l'organisme qui entraînent des calculs des voies urinaires (c'est le cas décrit précédemment).

— Septicémie : l'infection générale est causée par l'adjonction dans une perfusion d'eau prélevée, par exemple, dans un aquarium.

— Déshydratation : elles administrent des diurétiques en quantité à leur enfant.

Le diagnostic de ce syndrome est difficile, car la mère, très douée, d'un niveau intellectuel élevé, a très souvent côtoyé l'univers médical, en maîtrise parfaitement le jargon. De plus, elle consulte de nombreux praticiens et spécialistes, dans la mesure où les traitements échouent forcément, puisqu'elle continue son travail de sape.

Les hospitalisations de l'enfant sont très fréquentes (on peut parfois en dénombrer plus de trente en quatre ans), des symptômes nouveaux apparaissent, et les plaintes signalées par la mère sont rarement constatées par les médecins.

La mère manipule le corps médical, les infirmiers, le personnel hospitalier, les amadoue à l'aide de petits cadeaux, de chocolats, de fleurs, utilise son charme, privilégie des rapports particuliers où la relation médecin / malade est inversée. En effet, c'est elle qui détient le pouvoir.

Elle joue, défie les hommes de science, s'amuse de cette revanche, se sent supérieure, règle des comptes avec le monde de la médecine, se valorise, allant jusqu'à prendre un plaisir intense, une quasi-jouissance dans ces conflits. La mère projette son anxiété sur l'enfant dans un mécanisme délirant, et réussit à croire elle-même qu'il est réellement malade.

Le père tient une place secondaire. Il semble absent, ne se rend pas compte de la réalité (ou bien la masque), de peur de rompre le fragile équilibre familial concentré autour de « l'affection » du petit.

L'enfant, quand il est plus âgé, reste complice inconsciemment de l'amour de sa mère, amour lié à la maladie. Il se sent coupable, demeure soumis à une relation pathologique de fusion avec elle.

Le traitement, une fois le diagnostic et la confrontation établis avec la mère, après parfois de véritables enquêtes policières (ronde des infirmières, vidéo, etc.) consiste en une prise en charge psychiatrique de la maman. Cette démarche est loin d'être aisée, car la femme commence par nier, par résister avant de s'avouer vaincue. Il faut ensuite signaler l'affaire au juge pour enfants qui décidera, selon la gravité et l'importance des sévices, s'il est possible d'envisager pour l'innocente victime un retour au sein de sa famille — avec surveillance psychiatrique régulière, s'entend — ou un éloignement provisoire, voire définitif.

Cette maladie encore fort peu connue doit être decelée au plus tôt, car elle met en jeu la vie d'un enfant, contribue à égarer les médecins et le personnel paramédical, et à les conduire à des erreurs de diagnostic. Le syndrome de Meadow est aussi appelé syndrome de Münchhausen par provocation.

Une naissance tant espérée

Depuis bientôt deux ans qu'ils sont mariés, Françoise et Pierre Charret vivent dans l'attente fiévreuse d'un heureux événement. Mais, hélas ! celui-ci les fait languir. Chaque mois, Françoise espère un retard chargé de promesse, mais ses espoirs sont toujours déçus : ses règles reviennent avec une désespérante ponctualité. La jeune femme est d'autant plus impatiente qu'elle va bientôt atteindre trente-six ans et qu'elle approche de l'âge limite pour un premier enfant. Quant à Pierre, qui a franchi le seuil de la quarantaine, lui, aimerait bien être papa. Bref, tous deux aspirent à la consécration de ce qu'ils considèrent comme l'aboutissement naturel d'une vie de couple.

Il y a déjà plusieurs mois ils s'en étaient ouverts à leur médecin traitant. En pénétrant dans le cabinet de consultation au mobilier vieillot, Françoise était tout intimidée. Elle n'osait pas se lancer. Elle se sentait gênée de parler de ça, même devant un médecin. Elle avait donc laissé à Pierre, lui-même guère plus bavard, le soin d'exposer leur problème. Mais le praticien, un vieil homme affable, à la faconde toute méditerranéenne, s'était employé à les mettre à l'aise l'un et l'autre. Il leur avait expliquer que c'était assez fréquent de ne pas avoir d'enfant tout de suite, et qu'il n'y avait pas de quoi s'alarmer, encore moins désespérer. En termes simples et précis, il s'était borné à leur rappeler à quel moment devait avoir lieu l'acte sexuel pour conduire à la fécondité. Avec une petite lueur amusée dans le regard, il avait ajouté qu'il suffisait, bien souvent, « de ne pas rater la chicane ». Il avait cependant conseillé à Françoise de noter jour après jour sa température juste avant de se lever. Cela lui permettrait ainsi de vérifier qu'il y avait bien ovulation.

Quelques semaines plus tard, Françoise, beaucoup plus confiante alors, était retournée seule au cabinet. Elle avait amené avec elle la courbe de températures qu'elle avait soigneusement tracée, selon les indications du médecin. Celui-ci avait jeté un coup d'œil rapide, et constaté une ovulation tout à fait normale. Il avait alors rassuré sa patiente : apparemment, il n'existait aucun obstacle à ce que Françoise donne bientôt naissance à un joli bébé. Toutefois, avait-il précisé, si les problèmes persistaient, il lui faudrait peut être consulter un spécialiste. A toutes fins utiles, il lui donna l'adresse d'un gynécologue spécialisé dans les questions de stérilité, un excellent confrère qui avait réussi à débloquer nombre de situations semblables à la leur.

En sortant de l'immeuble et en goûtant l'animation de la rue de Paradis, Françoise avait balayé toute inquiétude. Le médecin l'avait bien dit, elle était féconde, et nul doute qu'elle verrait bientôt ses espoirs se réaliser.

Mais, plus de six mois s'étaient écoulés, et pas le moindre bébé ne s'annoncait à l'horizon. En dépit de rapports sexuels réguliers et scientifiquement programmés, le couple de « jeunes mariés » continuait à guetter en vain les présages d'une naissance prochaine.

Un beau soir, malgré les réticences de sa femme, Pierre décide d'aborder de front l'épineux sujet avec elle. Il faut, dit-il, éclaircir la situation. Une unique solution, consulter le gynécologue dont le médecin leur a confié les coordonnées.

Mais, pour d'obscures raisons, Françoise s'y refuse avec obstination. Elle, si calme d'habitude, si posée, fait une véritable crise de nerfs quand Pierre ose insister. Et quand ses larmes se tarissent enfin, elle se mure dans un silence lourd de reproches. Fermée à toute forme d'explication, elle part se coucher sans un mot. Resté seul devant son poste de télévision qui diffuse en sourdine la retransmission d'un match de tennis à Roland-Garros, il se laisse hypnotiser par les échanges de balles, sans même chercher à savoir qui perd ou qui gagne. Il ne comprend pas ce qu'il se passe. Mais comment le pourrait-il ?

Ce que Françoise n'a jamais avoué à personne, c'est l'horreur que représente pour elle l'obligation de se déshabiller devant un inconnu. Une peur panique qui remonte à très loin, quasiment à l'enfance. C'était un soir d'hiver. Elle venait d'avoir treize ans. Comme chaque jour, elle rentrait de l'école à pied. Trois bons kilomètres à parcourir dans la nuit noire. Soudain, au détour d'un chemin creux, un homme s'était précipité sur elle. Qui ? Nul ne le saura sans doute jamais : le nom de son cousin est resté, pour toujours, coincé dans la gorge de Françoise.

Il l'avait entraînée à travers une haie vive, les épines des ajoncs avaient griffé ses jambes. Sa jupe qui s'était accrochée à une branche, s'était déchirée dans sa chute. Au cours de ses rêves, elle perçoit encore distinctement le craquement du tissu arraché. Là, contre le talus, son cousin l'avait violée avec une brutalité incroyable. En refermant la ceinture de cuir de son pantalon, il lui avait promis mille supplices si elle racontait quoi que ce soit.

En arrivant chez elle, Françoise avait expliqué qu'elle était tombée par mégarde dans un fossé envahi de ronces. Sa mère l'avait sévèrement gourmandée. Et les choses n'avaient pas été plus loin ; du moins en apparence car Françoise était traumatisée à vie.

Depuis ce jour, Françoise n'avait eu qu'une idée en tête, quitter sa Bretagne natale. Dès l'obtention de son diplôme de bibliothécaire, elle était partie s'installer le plus loin possible du golfe du Morbihan et de ses landes sauvages. Après un premier poste à Saint-Etienne, elle avait réussi à se faire muter au collège d'Istres, non loin d'Aix-en-Provence et de Marseille. C'est là qu'elle avait connu Pierre.

A Marseille, Françoise n'a pas de passé. Elle n'évoque sa famille que par bribes allusives. Du hameau où s'est déroulée son enfance, tout juste un lieu-dit en lisière du petit port d'Auray, elle semble ne conserver aucun souvenir précis. Et, si elle voue une affection sans bornes à sa mère, elle ne la voit pas plus d'une fois par an, et toujours seule : elle n'emmène jamais Pierre avec elle.

Celui-ci, issu d'une famille protestante très unie, a du mal à saisir l'attitude de sa femme. Il a maintes fois proposé à Françoise de l'accompagner pour visiter les lieux de son enfance, comme il l'avait entraînée en la conduisant sur les routes des Cévennes, aux sources de sa propre lignée. Mais il s'est toujours heurté à un refus catégorique. Il ne connaît ni le frère ni la sœur de Françoise, restés quant à eux en Bretagne. Et de son père, capitaine hauturier, il sait tout juste qu'il est mort en mer quand elle avait onze ans.

Bien sûr, Pierre a d'emblée perçu l'extrême pudeur de sa femme. Leurs premiers contacts physiques avaient été difficiles. Ils étaient aussi embarrassés l'un que l'autre. Lui-même n'avait jamais été ce qu'on appelle un chaud lapin. Entretenu, par son éducation, dans l'idée que la sexualité conduisait inévitablement à la luxure, il n'avait vécu ses premiers émois que fort tardivement. Et encore cela s'était-il limité à des pratiques onanistes. En bref, Françoise avait été la seule femme avec qui il avait fait réellement l'amour.

Mais est-ce sans doute la raison pour laquelle il est aujourd'hui si attaché à elle et ce pour quoi il souhaite tant qu'ils aient un enfant. Dans les jours qui suivent leur altercation, Pierre remet plusieurs fois sur le tapis la question de la visite chez le gynécologue. Peu à peu, il sent que Françoise fléchit. A force de persuasion, il la convainc de prendre rendez-vous, promet de l'accompagner et de rester auprès d'elle pendant toute la consultation.

Dans la nuit qui précède, Françoise ne parvient pas à fermer l'œil. L'idée d'un examen gynécologique la rend malade d'angoisse. Elle va devoir se déshabiller, expliquer, parler de choses qu'on lui a toujours appris à taire. Sa mère, catholique pratiquante, n'a évidemment jamais abordé avec elle les choses du sexe, et, dans son esprit, il y a forcément, derrière tout ça, quelque chose de sale, de malséant.

Pourtant, le lendemain, Françoise et Pierre se présentent à l'heure dite au cabinet du docteur Blanchin. L'homme, la quarantaine révolue, les cheveux coupés court, les reçoit dans un vaste bureau inondé de soleil, aux murs éclatants de blancheur. Au travers des stores vénitiens accrochés aux fenêtres, on aperçoit les bateaux de plaisance amarrés aux quais du Vieux Port et la silhouette familière de Notre-Dame-de-la-Garde sur son promontoire. Le médecin commence par poser au couple, assis face à son bureau, toute une série de questions portant, entre autres, sur la fréquence de leurs rapports sexuels. Pierre, un peu gêné, y répond aussi précisément que possible, tandis que sa femme fixe avec obstination le bout de ses escarpins, se cramponnant à son sac, serré contre son ventre, comme à une bouée de sauvetage. Quand le gynécologue lui propose de passer dans la pièce à côté afin qu'il l'examine, on sent monter en elle un sentiment de panique. Elle se décide pourtant, soutenue par Pierre qui la prend par la main et l'aide à s'extirper du fauteuil de cuir noir dans lequel elle s'est recroquevillée depuis le début de l'entretien.

Alerté par la timidité évidente de sa patiente, le docteur Blanchin procède rapidement aux examens d'usage.

« Tout va bien », conclut-il.

Tandis que Françoise se rhabille, il lui annonce la nécessité d'un bilan hormonal. De retour dans son bureau, il rédige une ordonnance dans ce sens, y ajoutant un test de Hühner[1] qui consiste à analyser les spermatozoïdes présents dans la glaire cervicale, après un rapport sexuel.

En sortant, Françoise est très déterminée : il n'est pas question, affirme-t-elle à Pierre, qu'elle effectue ce test, ni celui-là ni aucun autre. Une fois encore, il faudra tout le pouvoir de conviction de son mari pour la traîner jusqu'au laboratoire.

Les résultats sont surprenants : ils révèlent une totale absence de spermatozoïdes dans la glaire cervicale de la jeune femme. Informé par téléphone, le docteur Blanchin explique à Pierre que cela arrive chez certains hommes dont la stérilité est liée à l'insuffisance de cellules reproductrices ou à la mort trop précoce de celles-ci lors de l'éjaculation. Il lui recommande un spermogramme qui seul permettra de déterminer avec précision la quantité et la qualité de gamètes dans son sperme.

Ces révélations plongent Françoise dans un complet désarroi. Elle supplie Pierre de tout arrêter. Tous ces examens lui donnent la nausée. Elle ne veut plus continuer. C'est trop horrible. Son mari tente de la raisonner, de l'amener à admettre que, finalement, c'est lui qui est concerné puisque l'on craint un problème de stérilité masculine. Mais c'est en vain. La jeune femme ne veut plus entendre parler de médecins, ni d'analyses.

Ils connaissent alors la première vraie crise depuis leur mariage. Dès que Pierre essaye d'aborder le sujet, Françoise sombre dans une bouderie muette qui peut durer plusieurs heures. Un mur d'incompréhension s'érige entre eux. Tant et si bien que, pendant les repas, ils ne savent plus quoi se dire. Le journal télévisé fait office de conversation, et le soir, il n'est plus question du moindre contact physique entre eux. Dès qu'il

1. Test pratiqué en cas de stérilité. L'examen microscopique de la glaire du col utérin, vingt-quatre heures après un rapport sexuel, permet d'y rechercher les spermatozoïdes, et d'y apprécier leur nombre, leur forme et leur mobilité.

s'approche d'elle pour l'embrasser, l'enlacer, Pierre sent sa femme qui se rétracte. Repliée en boule sur elle-même, elle mime le sommeil.

Françoise plonge dans la dépression. Elle craque complètement. Toutes ces histoires l'empêchent de dormir. Elle qui a toujours affiché un solide appétit, ne grignote plus que du bout des lèvres. Elle perd cinq kilos en quelques semaines et néglige son travail. Au point que ses collègues s'en inquiètent : la sémillante bibliothécaire n'est plus que l'ombre d'elle-même. Sur les conseils d'une amie, elle consent enfin à retourner voir son généraliste qui l'arrête pour quinze jours et lui prescrit des tranquillisants.

Pierre se résigne. Il est inutile d'insister, et s'il ne veut pas perdre sa femme, il lui faut provisoirement renoncer à la poursuite des examens. Après tout, ils ont vécu jusqu'ici sans enfant, cela pourra bien encore attendre quelques mois.

Pierre se souvient de la première fois où ils se sont vus. C'était il y a six ans, à la réunion qui précède la rentrée au collège. Professeur d'histoire-géographie, il venait d'être nommé dans sa région après un exil forcé de plusieurs années dans le Nord. Il était vraiment heureux de pénétrer dans son nouvel établissement. Au moment de l'appel, effectué, comme il se doit, par le principal, il avait immédiatement remarqué cette petite femme brune affublée de vêtements informes, mais dont le regard vif semblait receler bien des mystères.

Françoise lui avait avoué bien plus tard qu'elle aussi l'avait repéré. Pourtant, il avait fallu beaucoup de temps, vaincre bien des timidités et des hésitations de part et d'autre, pour qu'enfin ils soient réunis. Françoise avait vite ressenti combien Pierre lui plaisait, mais elle n'imaginait pas une seule seconde que lui puisse s'intéresser à elle. Pour tout dire, il y a longtemps qu'elle avait abdiqué toute velléité de séduction : elle resterait vieille fille, au grand dam de sa maman. C'est ainsi qu'elle négligeait autant son apparence, affectant une prédilection toute particulière pour les couleurs ternes, les robes sacs et les pantalons pyjamas qui masquaient tout ce qu'elle pouvait posséder en elle de féminité. Son amie Gisèle, la secrétaire d'intendance, avait bien tenté à plusieurs reprises de la convaincre d'accorder plus de soin à sa tenue, mais la jeune femme lui avait rétorqué que ça l'ennuyait et que, de toute façon, elle ne voyait pas pourquoi elle se donnerait du mal, puisqu'elle ne souhaitait charmer personne. En bref, Françoise affichait, plus ou moins consciemment, un total mépris pour ce qu'elle considérait comme des futilités et paraissait totalement inabordable au tout-venant. Elle se réfugiait dans un professionnalisme sans faille propre à décourager une quelconque approche amicale.

Pierre fréquentait assidûment le Centre d'Information et de Documentation, ou C.I.D. en langage administratif, mené de main de maître, pour ne pas dire à la baguette, par Françoise. En bon prof d'histoire qui se respecte, il était toujours en quête de diapositives, de films vidéo ou d'articles de presse destinés à alimenter ses recherches pédagogiques. Sa nomination à Istres lui avait donné un nouvel élan, et il avait entrepris de remodeler du tout au tout son enseignement, à l'affût, justement, de toutes les innovations dans ce domaine. Mais sa gaucherie naturelle et sa pusillanimité maladive l'empêchaient d'entretenir des rapports autres que fonctionnels avec la jeune bibliothécaire.

Ainsi, pendant près de quatre ans, Pierre et Françoise se sont croisés régulièrement au collège sans oser s'aborder vraiment. A la cantine, ils s'étaient souvent assis à la même table, mais limitaient prudemment leurs échanges à des considérations pratiques sur le menu, la météo ou le niveau des élèves.

Il avait fallu un soir de juin, à l'extrême fin de l'année scolaire, que la vieille 2 CV de Françoise refuse obstinément de démarrer et que Pierre propose de la ramener sur Marseille dans sa propre voiture, pour que leurs relations prennent enfin un cours plus intime.

Le soleil couchant jetait ce soir-là une magnifique lumière

orangée sur l'étang de Berre, et même les raffineries de pétrole s'habillaient de poésie dans le lointain, à travers l'enchevêtrement fantasmagorique de leurs tubulures. Ce paysage étonnant avait fourni matière à un début de conversation qui avait très vite dévié vers la littérature. Pierre et Françoise s'étaient alors découverts de nombreux goûts communs, allant des romanciers nord-américains à l'univers si particulier de Patrick Modiano. Tant et si bien qu'arrivés à proximité de la gare Saint-Charles près de laquelle, par un heureux hasard, ils habitaient tous deux, ils avaient décidé, d'un commun accord, de prolonger cet entretien au restaurant, devant une bonne bouillabaisse. Le rosé de Provence aidant, leur tête à tête s'était peu à peu mué en un échange de confidences sur leurs solitudes respectives. Avec cette audace propre aux timides, Pierre avait alors proposé qu'ils aillent boire un dernier verre chez lui, et Françoise s'était entendue répondre « oui » avant d'avoir réalisé ce qu'elle disait. Elle s'était même surprise à un geste de coquetterie, inhabituel pour elle, réajustant le col de son chemisier et l'ordonnance de ses cheveux attachés en catogan devant la glace du restaurant, avant de sortir.

Deux mois et demi plus tard, à la veille de la rentrée scolaire, il se mariaient à la sauvette, à la mairie du IIe arrondissement de Marseille. Gisèle et son mari avaient servi de témoins à Françoise, Pierre avait demandé à deux de ses frères, montpelliérains d'adoption, d'agir de même pour lui. Le repas de noces avait eu lieu chez Angèle, un petit bistro du Vieux Port, à deux pas de l'appartement dans lequel il venaient d'emménager, au numéro 22 de la rue Caisserie. Ils avaient consacré leur été à des travaux de peinture et de bricolage, réservant la pièce la plus ensoleillée à leur premier enfant dont ils ne doutaient pas qu'il serait là bientôt.

Au collège, l'annonce de cet incroyable mariage avait suscité bien des étonnements et bien des commentaires de la part des collègues, surtout lorsque le principal avait présenté à tous la

« nouvelle » Madame Charret. Françoise, un brin rougissante, s'était livrée aux applaudissements, affichant, malgré tout, une sérénité inusitée pour qui la fréquentait depuis longtemps. A coup sûr, le mariage lui avait donné de l'assurance, et nul ne pouvait s'empêcher de remarquer son élégance, le soin apporté à l'assortiment des accessoires et la grâce discrète de ses tenues. Mais, très vite, tout le monde s'était habitué à ce changement de statut, y compris les élèves, et d'autant mieux, d'ailleurs, que les deux jeunes époux nageaient manifestement dans le bonheur. C'était émouvant de les voir arriver chaque matin, main dans la main.

Tandis que sa femme bougonne dans la cuisine, Pierre repasse tous les événements dans sa tête, comme un film en accéléré. Et il en est fort ému. Il sait que, pour lui aussi, cette rencontre a été une chance inespérée. A quarante ans, il s'était quasiment résigné à rester célibataire, et probablement à ne jamais connaître l'amour. Mais depuis qu'il vit avec Françoise, il a retrouvé des sensations qu'il croyait à jamais perdues, le goût d'échafauder des projets, de construire, celui de rêver, d'imaginer, une forme de foi en quelque sorte. Et il se dit que ce n'est pas le moment de tout gâcher par trop d'insistance, trop de précipitation. Bien sûr, cet enfant, il le souhaite, l'attend de tous ses vœux. Mais il n'y a pas urgence. L'important, c'est que Françoise soit là, et qu'elle profite du bonheur d'être près de lui.

A force de patience et d'attention, Pierre parvient peu à peu à faire oublier à sa femme le malaise des dernières semaines. Certes, il ne peut empêcher les bruits de circuler au collège : depuis que Françoise s'est ouverte à Gisèle de son désir de maternité, tout le monde est au courant. Et les allusions vont bon train. Mais la jeune mariée ne semble plus s'en formaliser. Elle réussit même à considérer la chose avec humour, affirmant, avec conviction, que tout vient à point à qui sait attendre. Avec Pierre, elle se montre de nouveau tendre comme aux premiers jours. Pour le satisfaire, elle consent même à l'accompagner à plusieurs matches de football, car son mari, en bon Marseillais d'adoption, s'est pris d'une véritable passion pour l'OM.

Pourtant, à quelques mois de là, Françoise doit affronter un autre problème : des pertes vaginales persistantes qui ne sont pas sans l'inquiéter. Après avoir tenté de nier la chose pendant quelques jours, rêvant à une sorte de guérison miraculeuse, elle doit se rendre à l'évidence : ça ne passera pas tout seul. Elle envisage d'abord de contacter un autre gynécologue.

« Pourquoi pas une femme ? », lui suggère Gisèle.

Mais l'idée d'avoir à se déshabiller devant une personne inconnue, même une femme, la terrorise bel et bien. Elle préfère, finalement, retourner voir le docteur Blanchin.

Le médecin s'avère surpris de recevoir à nouveau sa patiente après un aussi long silence. Son étonnement s'accroît lorsque celle-ci lui apprend qu'elle n'est toujours pas enceinte et qu'elle a abandonné en cours de route les consultations médicales qui lui auraient sans doute permis de résoudre ses difficultés. Il la sermonne gentiment : les questions de stérilité sont complexes, lui dit-il en substance, il faut persévérer, ne pas se décourager. Et surtout ne pas fuir devant certains examens indispensables :

« Votre mari doit absolument effectuer ce spermogramme. Après, on y verra plus clair. Et soyez sûre que nous allons y arriver. Il n'y a pas de raison ».

Quant à la petite infection vaginale dont Françoise est victime, il n'y a pas non plus de quoi s'inquiéter : un simple prélèvement pour identifier le germe et un traitement par ovules devraient parvenir à régler tout ça dans les plus brefs délais.

En sortant de cette consultation, Françoise est déjà beaucoup plus en forme. Elle retrouve avec plaisir la chaleur du soleil marseillais sur la peau de ses bras nus. Une sensation voluptueuse, voire érotique. Elle décide de rentrer à pied jusqu'à chez elle, tout en repensant à ce que vient de lui déclarer le docteur Blanchin. Celui-ci a su trouver les mots justes pour la convaincre. Cette fois-ci, elle est fermement décidée à aller jusqu'au bout.

Le soir même, elle reparle à Pierre du fameux spermogramme. Bien sûr, elle est aussi écœurée par cet examen. Mais si c'est nécessaire ! Sur le coup, Pierre ne semble plus très emballé à cette idée. Mais l'enthousiasme de sa femme finit par l'emporter : et il accepte de prendre rendez-vous dans un laboratoire spécialisé.

Le jour J, il est accueilli par une infirmière en blouse blanche qui lui tend un petit tube de verre. Elle le conduit ensuite dans une cabine close qui ressemble, en à peine plus grand, à un vestiaire de piscine. Elle lui explique qu'il doit se masturber et recueillir sa substance dans le tube qu'elle lui a donné. Puis elle referme la porte. Pierre est paniqué. Il a l'impression qu'il n'y arrivera jamais, malgré les magazines pornographiques posés devant lui, sur une table basse et qu'il n'ose d'ailleurs pas ouvrir. Après plusieurs tentatives infructueuses, il aboutit enfin à l'issue escomptée. Quand il ressort, au bout de quarante-cinq minutes, il remet le récipient à l'infirmière sans même la regarder. Il a bien trop honte. Il se jure que plus jamais il ne recommencera ça.

A son retour, quand Françoise lui demande comment s'est déroulée cette séance, il est incapable de répondre. La jeune femme n'insiste pas ; elle comprend bien que son mari est très perturbé par ce qu'il vient de subir. Elle se sent même coupable de l'y avoir obligé.

Cependant, trois semaines plus tard, rendez-vous est pris avec le docteur Blanchin pour les commentaires des résultats. Le gynécologue n'y va pas par quatre chemins : il est très étonné ; l'examen de Pierre a montré des spermatozoïdes en qualité et en quantité largement suffisantes, et dont la mobilité paraît tout à fait normale. Ce qui signifie qu'il faut chercher ailleurs, probablement au niveau de la perméabilité des trompes de

Françoise. La jeune femme accuse le choc. Mais quand le médecin lui donne une ordonnance prescrivant une hystérographie, sa décision est déjà inscrite dans sa tête. Il n'en est pas question. Elle paye le praticien sans rien ajouter et sort avec Pierre.

Celui-ci ne peut qu'approuver le choix de sa femme. Lui aussi en a assez de toutes ces histoires. Cette fois-ci, il est prêt à accepter les conséquences de ce renoncement : ils n'auront pas d'enfant, voilà tout ! C'est fini, ce n'est même plus la peine d'aborder le sujet.

Ils reprennent alors leur petite vie rangée de couple d'enseignants. Françoise semble plutôt soulagée. Elle se persuade même qu'au fond, ce bébé, elle n'en avait peut-être pas tant envie que cela. Et puis, les médecins, elle en a assez vus comme ça. Ça suffit, maintenant. Il est temps de passer à autre chose. Pour tromper sa déception, elle s'inscrit à des cours de dessin, en compagnie de Gisèle, et tapisse bientôt les murs de l'appartement de ses esquisses maladroites.

Mais à quelques mois de là, la voilà de nouveau dans le cabinet de son généraliste, à qui elle n'avait pas rendu visite depuis sa dépression. Le vieil homme, courtois, lui demande comment elle va : elle l'informe qu'elle a abandonné ses projets de maternité, mais qu'à part ça, elle se sent très bien. Le médecin aborde l'objet de la consultation.

« Qu'est-ce qu'il vous arrive ? »

Françoise évoque alors des démangeaisons et des rougeurs au nombril. Il souhaite donc l'examiner. Il ne peut cacher sa surprise devant la vision qui s'offre brutalement à ses yeux. Il découvre, à sa grande stupeur, un nombril purulent, infecté, voire tuméfié à certains endroits.

Il soupçonne d'abord une mycose. Mais, tout de même, il est perplexe. Il entreprend donc d'interroger plus Françoise sur ce phénomène dont elle avoue elle-même qu'il se reproduit depuis plusieurs mois, avec des phases plus ou moins aiguës.

« Mais, ajoute-t-elle, en règle générale, un peu d'éosine et de pommade suffisent à atténuer les irritations ».

Le médecin réussit au bout d'un certain temps à ce que la jeune femme lui confie que ses rougeurs surgissent toujours après qu'elle ait fait l'amour avec Pierre. Interloqué, il exige des explications complémentaires. Il est confronté alors à ce qu'il n'aurait jamais soupçonné après trente ans de carrière : Pierre et Françoise faisaient l'amour par le nombril !

Diagnostic

La révélation de la cause de la stérilité de ce couple surprit beaucoup le médecin. Certes, il s'agit d'un cas exceptionnel, mais sûrement pas unique. Bien au-delà de l'anecdote, nous nous trouvons face à un déni[1].

Comment aujourd'hui, en pleine ère de la communication, peut-on vivre sa sexualité dans l'ignorance la plus totale ?

Cet homme et cette femme, tous deux issus de familles rigoristes à l'extrême dans lesquelles la thérapeutique sexuelle n'était jamais abordée, et la pratique de l'acte toujours dépeinte comme condamnable, n'avaient jamais observé, ni même touché leur sexe. C'est dans leur passé, leur enfance que nous pourrions découvrir les raisons de ce mystère. Personne ne leur a jamais donné l'occasion d'explorer, de connaître leur propre corps et donc de l'accepter.

De génération en génération, on a colporté cette haine de la sensualité et du sexe qui représentent le danger, le plaisir inconnu, la bête, l'acte odieux par excellence, insupportable, car non maîtrisable. Ce refus d'une sexualité normale, cette absence d'instinct pour le coït, étaient inscrits dans leur vécu, leur culture,

1. Mode de défense qui consiste à un refus par le sujet de reconnaître la réalité d'une perception traumatisante, en l'occurrence ici la sexualité.

les rendant, inconsciemment, tout à fait hermétiques à l'environnement pourtant provocateur des médias.

Mais l'amour par le nombril pose néanmoins de nombreuses questions : ne s'agit-il pas pour l'homme d'un déplacement maternel de sa sexualité ? N'imagine-t-il pas sa mère à la place de sa femme ? Ce retour ombilical vers le ventre reste un processus archaïque décalé.

Le viol subi à l'adolescence par Françoise avait laissé des séquelles terribles, des non-dits à coup sûr responsables de la situation présente. Elle demeurait terrorisée à l'idée d'une pénétration qui aurait alors réactualisé le viol en le culpabilisant. Passive tandis que son mari frottait son sexe sur son ventre et dans son nombril, elle s'en accommodait. Cette façon de faire l'amour établissait comme une sorte de pacte entre eux et permettait à son mari d'obtenir un plaisir fugace. Ils avaient exclu toute autre possibilité et adopté un véritable compromis dans lequel chacun y trouvait son compte, puisque, à aucun moment, ils n'avaient envisagé de se séparer.

Leur comportement infantile régressif ne pouvait se détecter que dans l'intimité de leur vie sexuelle, car leur adaptation sociale était tout à fait correcte, conforme à la tradition de leur culture et de leur milieu.

Qui aurait pu deviner le mystère que cachait ce petit couple apparemment « sans histoire » ?

Ils furent anéantis par les révélations du médecin. Il a été nécessaire de tout leur apprendre, de les reconditionner, de les déculpabiliser, de rétablir un nouveau dialogue entre eux, de développer leur appétit érotique, et surtout de ne plus laisser subsister aucun problème dans l'ombre. Car, bien au-delà de la méconnaissance de la physiologie de l'acte sexuel, c'est leur peur des rapports normaux qu'il a fallu combattre.

Un sexologue et un psychiatre sont intervenus afin de les soutenir et de les aider.

Ils sont aujourd'hui les parents de deux beaux enfants.

Cœur de pierre

Lorsqu'elle avait réservé ce séjour de deux semaines dans un hôtel-club en Tunisie, Kathy était loin d'imaginer à quel point cela transformerait sa vie. En fait, tout ça n'était que pur hasard. Alors qu'elle allait chercher des billets de train pour son patron dans la petite agence de voyage de la rue de Lyon, à côté du bureau, Maïa, la jeune femme du guichet qu'elle connaissait bien, lui avait parlé d'une promotion intéressante sur Carthage. Il lui restait quinze jours à prendre sur ses congés, et s'était laissée tenter. Après tout, elle avait depuis longtemps envie de découvrir le Maghreb. C'était l'occasion ou jamais.

A son arrivée à l'aéroport de Tunis, elle avait été surprise par la chaleur accablante, une touffeur un peu moite, qui enveloppait la ville en ce début du mois de mai. Par rapport à la grisaille parisienne, la transition était brutale. Par bonheur, une petite camionnette climatisée l'attendait pour la conduire à l'hôtel.

Il s'agissait d'un vaste complexe moderne, une usine à touristes sans grâce particulière, mais dont l'architecture permettait à chaque chambre de bénéficier d'une vue magnifique sur les jardins en espalier, sur le bleu de la mer et sur les collines environnantes. Avec, d'un côté, la villa hollywoodienne de l'ancien président Bourguiba et, de l'autre, les premières maisons, d'un blanc immaculé, du petit village de Sidi-Bou-Saïd, le Saint-Tropez tunisien. Mais Kathy ne s'était pas attardée à la contemplation du paysage. Elle était là pour un bref moment certes, mais aurait tout le loisir de visiter les environs d'ici son départ. Sans même prendre le temps de sortir ses vêtements de son sac de voyage, elle avait empoigné une serviette de bain et s'était ruée vers la piscine, joliment carrelée de vert, pour un premier bain de soleil.

D'emblée, Kathy s'était sentie à l'aise dans cet environnement pourtant nouveau pour elle. Outre la splendeur luxuriante de la végétation et la merveilleuse simplicité des constructions traditionnelles, elle avait été frappée de l'extraordinaire amabilité des gens, à commencer celle du personnel de l'hôtel. Il faut dire qu'à cette époque de l'année, les clients étaient encore rares, et qu'il n'y avait pas surcharge de travail, comme en plein cœur de l'été. Mais, tout de même, chacun, du jardinier au réceptionniste, en passant par les barmen, avait un petit mot gentil, un sourire affable quand on s'adressait à eux. Un accueil aussi cordial s'ajoutait encore à l'impression de détente et de dépaysement.

Les premiers jours, Kathy, armée de son Guide Bleu, avait effectué de nombreuses excursions : les ruines, un peu décevantes — il faut bien l'admettre — de l'ancien Carthage ; les souks grouillants et odorants de Tunis ; les ruelles tortueuses et éblouissantes de Sidi-Bou-Saïd. Mais, très vite, elle s'était laissé gagner par l'indolence tunisienne et se contentait de siroter des jus de fruits au bord de la piscine, en feuilletant distraitement des magazines dénichés au kiosque de l'hôtel.

Chaque soir, après le dîner, au moment du café, les serveurs du restaurant tentaient de la convaincre de se rendre à la boîte de nuit située en contrebas, face à la mer. Durant plus d'une semaine, elle avait opposé un refus poli à ces avances. Guère noctambule, elle montait sagement se coucher pour être en forme et profiter du soleil matinal. Mais devant tant d'insistance, elle avait fini par céder quelques jours avant son départ. C'est là qu'elle avait fait la connaissance de Nordine. Une rencontre qui allait bouleverser sa tranquille petite existence de secrétaire-comptable, bien au-delà de ce qu'elle aurait pu imaginer de prime abord.

Quand elle était arrivée dans la boîte, très tôt, il n'y avait encore personne. Elle s'était assise sagement sur une banquette de velours brun, et avait commandé un gin-tonic, persuadée qu'elle ne resterait pas là bien longtemps. Mais elle avait bientôt vu débarquer à sa table plusieurs Tunisiens rieurs, vêtus de chemises immaculées et repassées avec soin. Même les employés de l'hôtel, que pourtant elle appréciait d'habitude pour leur réserve, commencèrent à la draguer de manière éhontée. Il est vrai qu'avec son teint hâlé et sa robe blanche décolletée, Kathy était particulièrement en beauté ce soir-là. Tout en écoutant les joyeuses facéties de ses soupirants, elle secouait sa longue chevelure brune qui retombait en boucles souples sur ses épaules. Elle ne songeait plus à partir, et happa le garçon au passage pour demander une nouvelle boisson. C'est alors qu'elle remarqua Nordine qui la fixait intensément. Un peu en retrait, il semblait plus âgé que ses camarades, plus tranquille aussi, comme s'il cherchait à se démarquer de leur babillage désinvolte. Elle l'invita à s'asseoir à ses côtés. Sur fond de disco des années 70, la conversation s'engagea entre eux, avec le plus grand naturel. Kathy avait déjà échangé quelques mots avec lui, notamment lors de son arrivée à l'hôtel dont il était l'un des réceptionnistes. Le jeune homme lui expliqua qu'il était le cadet d'une famille de douze enfants, qu'il vivait chez sa mère, à Sidi-Bou-Saïd, parce qu'il ne gagnait pas assez d'argent pour avoir son propre logement, et qu'il rêvait de découvrir la France, surtout Paris, où son père avait travaillé autrefois et dont il lui avait beaucoup parlé.

Quelques heures et beaucoup de mots plus tard, ils se retrouvaient tous les deux dans la chambre de Kathy. Nordine avait escaladé la façade et était entré par le balcon. Heureusement qu'il n'y avait qu'un étage !

Mais il ne pouvait absolument pas se permettre de passer devant la réception avec une cliente, sans risquer de perdre son emploi. Aux premières lueurs de l'aube, il était reparti en empruntant le même chemin. Ils n'avaient pas beaucoup dormi, ni l'un ni l'autre. Mais ils étaient heureux. L'entente physique avait été instantanée. Les gestes de l'amour s'étaient harmonisés, comme s'ils se connaissaient depuis l'éternité.

Kathy ne s'était réveillée qu'en tout début d'après-midi. Elle avait ensuite rêvassé sur la plage jusqu'au coucher du soleil. Il avait été convenu qu'elle rejoindrait Nordine en boîte, après qu'il ait fini son service, aux alentours de 22 heures.

Cette deuxième nuit fut encore plus extraordinaire que la première. Il y avait longtemps que Kathy ne s'était pas sentie aussi bien avec un homme. Toutefois, elle entendait conserver une certaine prudence. Après trente ans, elle avait appris à se méfier de ses propres emballements amoureux. Il fallait que cela reste un joli souvenir de vacances, un point c'est tout ! Et quand Nordine, la veille de son départ, lui avait demandé son adresse et son numéro de téléphone à Paris, la jeune femme les lui avait donnés bien volontiers, mais sans se faire la moindre illusion : elle n'aurait jamais de ses nouvelles, et c'était très bien comme ça.

Kathy avait regagné sans déplaisir Paris, repris son travail de secrétaire dans une petite entreprise de logiciels informatiques installée derrière la gare de Lyon, et récupéré son appartement au Perreux, un trois pièces dans une résidence H.L.M., qu'elle avait obtenu grâce à la complicité d'un oncle employé à la mairie. Tout près de chez elle, les bords de Marne offraient aux regards, en ce début d'été, un camaïeu de vert éminemment bucolique, voire romantique. Elle s'y promenait tous les soirs pendant une bonne heure, afin de se délasser des tensions de la journée.

Très vite, la jeune femme avait retrouvé son style de vie habituel, remisant au fond de sa mémoire une aventure fort agréable mais sans lendemain. Aussi, quelle ne fut pas sa surprise de trouver, le samedi suivant son retour, une longue lettre de Nordine dans sa boîte aux lettres, une déclaration enflammée qui annonçait les prémices d'une correspondance passionnée de plusieurs mois. Kathy n'y croyait pourtant pas trop. Elle se disait que tout ça se tasserait avec le temps et l'éloignement, et qu'ils finiraient par s'oublier. Pourtant, durant sept mois, le rythme hebdomadaire des missives de Nordine ne se démentit jamais. Jusqu'à son arrivée à Paris, pour les fêtes de Noël.

Ce séjour d'une semaine et demie fut un rêve qu'ils partagèrent tous deux. Nordine voulait tout voir, tout savoir. C'était son premier voyage hors des frontières de la Tunisie. Il était aussi enthousiaste qu'un gamin qui découvre la mer.

Kathy avait pris quelques jours de congés entre Noël et le Jour de l'an pour lui servir de guide. Pour elle aussi, ce fut un immense plaisir que de faire visiter, à celui qu'elle commencait à aimer profondément, tous ces coins de la ville ignorés des touristes et pourtant si beaux : les jardins Albert-Kahn à Boulogne, le réservoir d'eau du parc Montsouris, les pentes méconnues de la butte Montmartre, le grouillement de la Goutte d'Or. Kathy était aussi curieuse que Nordine. Ils allèrent ensemble à l'Institut du monde arabe, récemment ouvert, où il lui expliqua un peu ce qu'était l'Islam. Elle était fascinée, souhaitait comprendre encore plus. Alors, sur ses conseils, elle acheta toute une montagne de livres à la librairie du musée.

La séparation, aux termes de ces dix jours, fut terrible pour l'un et l'autre. Kathy sombra même dans un début de dépression qui lui valut une semaine d'arrêt maladie. Sans Nordine, elle n'avait plus goût à rien. Elle ne songeait même plus à se préparer à manger. Bien sûr, il y avait la perspective de l'été : il était déjà prévu qu'elle retournerait en Tunisie, pour un mois, cette fois-ci. Mais, c'était si loin ! La jeune femme avait l'impression qu'elle ne pourrait jamais patienter jusque-là.

Heureusement, il y avait les lettres de Nordine et un appel téléphonique de temps à autre. Ce qui lui permit de tenir malgré tout.

Au mois de juillet, elle passa d'abord une semaine à l'hôtel où Nordine travaillait toujours. Comme l'été précédent, le jeune homme escaladait chaque soir la façade pour la retrouver. Kathy, du coup, avait l'impression d'être dans la peau d'une collégienne en fugue. Mais ce n'était pas forcément déplaisant.

Durant ces premiers huit jours, elle fut enfin présentée à la famille de son amant : sa mère Zohra, ses frères, ses sœurs. Tous l'acceptèrent d'emblée et l'hébergèrent tour à tour pour le reste du séjour. Ce fut une fête continuelle, des repas à n'en plus finir, où se mêlaient toutes les saveurs épicées de la cuisine tunisienne, des chants, des danses et des conversations qui se prolongeaient parfois jusqu'à l'aube. C'est au cours d'une de ces nuits de liesse que la date des noces fut fixée : Kathy et Nordine se marieraient à l'automne, à Paris. Ils entreprirent aussitôt les démarches administratives nécessaires pour que Zohra puisse y assister. Celle-ci était très émue, peut-être autant d'ailleurs à l'idée de prendre l'avion pour la première fois qu'à celle du mariage de son fils cadet : « Quel dommage que son père soit mort ! Il aurait tellement aimé voir ça, son Nordine épousant une Française... »

Mais le jeune homme n'en pouvait plus. C'est tout de suite qu'il voulait vivre avec Kathy. Il démissionna donc de son travail pour la rejoindre et habiter avec elle au Perreux. Par l'intermédiaire d'un cousin éloigné, il ne tarda pas à être engagé comme réceptionniste de nuit à l'hôtel Méridien de la Porte Maillot.

Ses recommandations avaient été un atout essentiel. Sa bonne présentation et ses références avaient fait le reste.

Avec la complicité de Nordine, Kathy progressait rapidement dans sa compréhension de l'Islam, de ses rites, de ses coutumes. Elle était très troublée par ce qu'elle apprenait au travers de quantité de livres ou de publications périodiques. Mais, au fond, n'était-ce pas là sa manière d'aimer ?

Le mariage réunit pour la première fois leurs deux familles. En plus de Zohra, deux frères et deux sœurs de Nordine, les plus âgés, avaient effectué le voyage. Les parents de Kathy, qui la voyaient déjà vieille fille, étaient aux anges. Pour l'occasion, ils avaient loué une guinguette au bord de la Marne. Des musiciens tunisiens, amenés par le cousin de Nordine, avaient joué des airs traditionnels jusqu'à tard dans la nuit. L'atmosphère, un peu tendue d'abord puisque personne ne se connaissait, s'était vite relâchée. Tout le monde avait dansé au son des percussions, même le papa de la mariée, habituellement si réservé. Bref, la fête avait été belle et réussie.

Au lendemain de celle-ci, les frères et sœurs de Nordine étaient repartis pour Tunis, mais Zohra, elle, était restée. Dès le départ, il avait été prévu qu'elle passerait deux mois chez son fils et sa belle-fille, pour les aider à s'installer mais aussi pour découvrir cette France dont son mari, autrefois, lui avait tant vanté les mérites.

Kathy et Zohra s'entendaient à merveille. Le soir, tandis que Nordine était à son travail, elles papotaient pendant des heures, en se bourrant de délicieuses sucreries et de gâteaux au miel préparés par la vieille femme. Elles buvaient des litres de thé à la menthe et discouraient passionnément de la vie des femmes en pays musulman, de leur rôle dans la société, de leurs servitudes mais aussi de leurs joies. Zohra saisissait quelques mots de français, même si elle le parlait peu, et Kathy se débrouillait de mieux en mieux en arabe, de telle sorte que la communication entre elles était aisée. La seule ombre au tableau était l'attitude des voisins : depuis qu'elle vivait avec Nordine, ils n'adressaient plus la parole à la jeune femme, détournant le regard quand ils la croisaient dans l'escalier. Mais celle-ci avait décidé de ne pas s'en soucier.

Au bout d'un mois, Zohra commença à se plaindre de douleurs dans le dos. Selon Nordine, ce n'était pas chose nouvelle : de plus loin qu'il s'en souvienne, sa mère s'était toujours lamentée à ce sujet, notamment le matin, quand elle se levait avant tout le monde pour préparer le premier repas de la journée.

Mais elle n'avait jamais voulu consulter qui que ce soit. En bonne musulmane, elle avait élevé seule ses douze enfants, avait accouché chez elle, avec la simple assistance d'une voisine faisant office de sage-femme, et était très fière de n'être jamais tombée malade.

Kathy, entendant ses gémissements matinaux, tenta bien de convaincre sa belle-mère de ne pas rester comme ça :

« Vous devriez voir un médecin. Ici, en France, il y en a de très compétents. Et puis, ça sert à quoi de souffrir bêtement ? Si ça se trouve, ce n'est rien du tout ».

Mais elle se heurta à un refus énergique. Il n'en était pas question :

« J'ai vécu jusqu'à aujourd'hui en me passant des docteurs. Ce n'est pas à soixante-douze ans que je vais aller me déshabiller devant ces messieurs-là. Et il en sera ainsi jusqu'à ma mort ».

De toute évidence, il était inutile d'insister, du moins pour l'instant.

Pourtant, Zohra peinait de plus en plus à sortir de son lit le matin. Un dimanche, elle dut même appeler Kathy à l'aide. Celle-ci était inquiète. Ce n'était pas normal. D'autant que, dans la journée, la vieille femme portait de plus en plus souvent ses mains à son dos, comme pour se soulager les reins d'une charge trop lourde. Et quand elle avait à se baisser pour ramasser un objet ou pour servir le thé, elle ne pouvait retenir les petites grimaces de douleur qui contractaient son émouvant visage ridé.

Nordine, quant à lui, ne semblait pas plus soucieux que cela.

De toute façon, il était habitué. Sa mère avait toujours eu mal au dos. Avec l'âge, il était naturel que cela s'amplifie quelque peu. Il n'y avait vraiment pas de quoi s'alarmer. Et puis, il connaissait les femmes de son pays, surtout celles de l'ancienne génération. Il savait leurs réticences vis-à-vis des médicaments, des vaccins, bref de tout le corps médical en général. Elles n'avaient confiance que dans les tisanes, les soins traditionnels, les remèdes qu'on se transmettait de mère en fille depuis des siècles. Il expliqua tout ça à Kathy qui l'écoutait ébahie, plutôt incrédule. Selon lui, elle perdait son temps. Elle ne réussirait pas à conduire Zohra chez un médecin. Mais la jeune femme n'était nullement prête à l'admettre :

« La Tunisie, lui disait-elle, est un pays moderne, évolué. Ta mère est une femme sensée, réfléchie. Elle ne peut pas continuer d'accepter de telles tortures ».

Et pourtant, la vieille femme restait sourde à tous ces arguments. Chaque soir, la voyant s'accroupir avec difficulté sur le tapis qu'elle leur avait offert pour leurs noces, elle reprenait avec elle la conversation où elle l'avait laissée la veille. Mais en vain.

C'est à ce moment que Kathy attrapa la grippe, un virus très virulent venu d'Asie, qui l'obligea à consulter son médecin. Elle dut prendre des antibiotiques.

Elle en profita pour lui glisser quelques mots au sujet de sa belle-mère. Kathy fut alors obligée de lui expliquer la situation : l'obstination de la vieille dame, son refus catégorique de consulter un docteur. En l'écoutant, le praticien triturait nerveusement son nœud papillon. Il était manifestement agacé :

« Dans ce cas-là, que voulez-vous que je fasse ? Je ne peux tout de même pas décider d'une thérapie sans avoir examiné la patiente ».

Cependant, comme il soignait Kathy depuis qu'elle était

toute petite et qu'il remarqua à quel point elle était désemparée, il accepta de prescrire des anti-inflammatoires à prendre au milieu des repas.

« En espérant, ajouta-t-il, que votre belle-mère n'ait pas d'ulcère ».

Mais le problème n'était qu'à demi résolu. En fait, le plus dur restait à faire : persuader Zohra d'absorber les fichus comprimés. Il fallut toute l'insistance de Kathy et de Nordine pour qu'elle finisse par se soumettre. Son fils dut même la menacer de la renvoyer dès le lendemain par le premier avion pour Tunis si elle ne lui obéissait pas. La vieille femme avala donc en mangeant les gélules achetées à la pharmacie.

Mais, si Kathy se rétablit très vite de sa grippe, le traitement suivi par Zohra ne connut pas le même succès. A la vérité, il agissait comme un cautère sur une jambe de bois. Ce qui ne fit que confirmer les convictions de cette obstinée belle-mère : les médecins ne pouvaient rien pour elle.

Devant son fils et Kathy, elle prétendait que ça allait mieux, par crainte qu'ils ne la contraignent à prendre de nouveaux médicaments ou, pire encore, à subir une consultation médicale. Elle affirmait ressentir une amélioration. Mais tout dans ses comportements quotidiens prouvait le contraire. Même si elle ne voulait pas l'avouer, il était visible que ses douleurs lombaires étaient de plus en plus insupportables : une fois assise par terre, elle ne pouvait plus se relever sans se cramponner à quelqu'un. Et la nuit, elle ne parvenait pas à retenir les gémissements plaintifs qui sortaient de sa bouche à chaque fois qu'elle se retournait.

Kathy était désolée pour Zohra. Elle l'aimait tant, elle aurait souhaité l'aider. Mais comment s'y prendre ? Même Nordine commençait à se faire du souci. Il savait sa mère réfractaire au mal. Si elle n'arrivait plus à donner le change, comme elle y était parvenue toute sa vie, c'est qu'il y avait un problème grave. Peut-être même s'agissait-il de quelque chose de beaucoup plus ancien qui la rongeait depuis des années, sans que personne n'y ait jamais prêté attention. Mais comment savoir ?

Avec l'accord de son mari, Kathy repassa un coup de fil à son médecin. Elle l'informa d'abord de l'échec du traitement entrepris. Celui-ci n'en parut guère étonné. Il réitéra sa proposition :

« Amenez-moi votre belle-mère et je verrai ce que je peux faire ».

Mais il se refusa énergiquement à rédiger une ordonnance pour une radio du dos comme le lui demandait Kathy. Ce que celle-ci ignorait c'est que les radiologues pouvaient parfaitement effectuer ce travail sans une prescription médicale, qui n'avait même pas d'utilité réelle pour le remboursement auprès d'une caisse de Sécurité sociale.

Elle s'adressa donc à un médecin parisien, proche de son travail. Ayant déjà eu des crises de sciatique précédemment, elle n'eut aucun mal à obtenir le papier nécessaire pour une radio du rachis lombaire. Le soir, elle rentra fièrement à la maison, en brandissant l'ordonnance tel un trophée. On allait pouvoir trouver la solution aux difficultés de Zohra. D'autant que toutes deux portaient désormais le même nom. Utiliser l'ordonnance de l'une pour l'autre ne posait donc aucun problème. Bien sûr, Kathy n'aimait pas trop se servir de ce genre de procédé qui consiste à tromper l'Administration. Mais il y avait urgence, et, par honnêteté, elle ne prétendrait à aucune indemnisation.

Cependant, une fois de plus, il restait à surmonter l'obstacle essentiel : l'entêtement de Zohra. Contre toute attente, celle-ci se laissa fléchir relativement facilement, à condition que Kathy l'accompagne. La jeune femme prit donc sa journée à la date convenue. Arrivée au cabinet, une infirmière en blouse blanche demanda à Zohra de se déshabiller dans une cabine et de ne conserver que sa culotte. Pour elle, ce fut un vrai calvaire. Pensez donc, se mettre nue devant des inconnus, c'était l'horreur absolue ! Par chance, Kathy l'escorta jusqu'au vestiaire, l'aida à ôter ses vêtements, et lui tint la main jusqu'à ce que ce soit son tour de passer dans l'appareil. Le cliché lui-même ne dura que quelques secondes. Aussitôt après, Zohra, tenant sa poitrine dans ses bras, courut se rhabiller, jurant à qui voulait l'entendre qu'on ne l'y reprendrait plus, qu'elle préférait encore souffrir que d'avoir à subir à nouveau de telles humiliations.

Pendant qu'elle renfilait sa robe et ses chaussures, le médecin prit Kathy à part : il l'informa tout d'abord que sa belle-mère présentait des signes d'arthrose modérée ne pouvant apparemment pas justifier des douleurs si aiguës. En revanche, il y avait sur la radio quelque chose de bizarre, une image inhabituelle, que l'un de ses confrères, appelé à la rescousse, avait constatée comme lui. Il fallait éclaircir cela, par d'autres explorations plus précises. Kathy résuma alors brièvement la situation au praticien, lui racontant combien il avait déjà été difficile d'amener Zohra jusqu'ici. De toute façon, elle ne pouvait prendre aucune décision avant d'en avoir parlé à son mari : lui seul avait quelque influence sur sa mère.

Le soir, après le dîner, Kathy, prétextant un malaise, s'enferma avec lui dans leur chambre. Elle lui rapporta les conclusions médicales de l'examen. Pour le radiologue, lui dit-elle, il n'y avait pas vraiment d'urgence :

« Mais, malgré tout, il m'a bien fait comprendre qu'un bilan complet était indispensable, si possible dans la semaine ».

Or, Zohra devait reprendre son avion dans trois jours. Et, une fois rentrée à Tunis, il était sûr qu'elle laisserait tout tomber. Nordine était très embarrassé : d'un côté, il ne doutait pas de la nécessité de ce bilan ; de l'autre, il savait les difficultés qu'il aurait à surmonter pour convaincre sa mère dans un délai aussi court.

La nuit suivante, Zohra fut prise de violentes douleurs du dos et de l'abdomen. Au point que Kathy et Nordine, réveillés par ses cris et complètement paniqués, résolurent de l'emmener de force sans même lui demander son avis aux urgences de l'hôpital le plus proche. A leur arrivée, l'interne de garde apparut surpris de l'intensité des élancements de la vieille dame. Tout en écoutant le résumé des épisodes précédents, il regardait avec une attention soutenue les radios effectuées la veille et que Kathy, dans son affolement, avait tout de même pensé à emporter avec elle. Interrompant brusquement les explications données par les deux jeunes mariés, il pria une infirmière d'aller chercher l'un de ses confrères. Aux termes d'un rapide conciliabule, et après avoir procédé à un nouvel examen des clichés, les deux médecins déclarèrent que tout cela était bien étrange, mais qu'ils ne pouvaient rien dire de plus avant d'avoir effectué d'autres radios.

Kathy et Nordine étaient atterrés, comme groggy. Ils regardèrent s'éloigner dans le couloir le chariot sur lequel Zohra était allongée, se demandant s'ils la reverraient vivante. L'attente dura plus d'une heure et demie. Le temps pour les médecins de vérifier l'incroyable : Zohra avait un fœtus momifié dans l'abdomen. Une intervention rapide s'imposait.

Diagnostic

Zonra présentait un cas tout à fait exceptionnel appelé lithopédion, conséquence de la calcification d'un fœtus mort à l'intérieur de l'abdomen au bout de quatre mois. La grossesse extra-utérine avait eu lieu vingt ans auparavant.

Un tel phénomène se rencontre surtout dans les pays aux vastes étendues, dans des zones rurales où la surveillance médicale est faible, voire inexistante. C'est exactement ce qui s'est produit pour Zohra peu habituée à consulter.

Mais, comment une femme peut-elle vivre ainsi tant d'années avec un fœtus dans l'abdomen ?

La tolérance de ce fœtus calcifié est vraiment étonnante : l'intégrité du kyste fœtal est respectée et aucun symptôme ne permet de révéler le lithopédion. La patiente ne souffre pas de problème majeur. Une femme a même dû attendre cinquante-huit ans après une grossesse pour se rendre à l'insolite évidence. Elle se plaignait depuis fort longtemps de douleurs lombaires, aggravées par l'arthrose et une surcharge pondérale importante. Un bilan radiologique s'est avéré nécessaire afin d'établir ce surprenant diagnostic. Une masse abdominale dure peut alors évoquer une tumeur de l'ovaire, un fibrome, voire un kyste hydatique[1].

Grâce à la radiographie de l'abdomen sans préparation, on visualise déjà une image de squelette fœtal. Cette première exploration est alors complétée par une échographie, une cœlioscopie[2]*, une hystérographie*[3]*. Pour Zohra, les violentes douleurs lombaires ont conduit à une série de radios qui sont à l'origine dudit diagnostic.*

Une intervention chirurgicale, nécessaire afin d'extraire cette masse, a mis en évidence un fœtus enveloppé de membranes indurées, aux travers desquelles on est en mesure de reconnaître des cheveux au niveau de la tête. On découvre aussi des formations calcaires arrondies et une galette tissulaire qui correspond au placenta calcifié.

L'évolution d'une grossesse extra-utérine en lithopédion est possible si :

— Le fœtus survit dans l'abdomen depuis plus de trois mois.

— La femme ne s'est pas rendu compte qu'elle était enceinte (Zohra n'avait pas le moindre souvenir d'une grossesse après son sixième enfant. Ses règles s'étaient certes arrêtées brutalement, mais cela ne l'avait nullement troublée).

1. Kyste plus ou moins volumineux, pouvant se développer dans le foie, la rate, les poumons, et formé par l'état larvaire du taenia echinocoque.
2. Examen visuel direct de la cavité abdominale préalablement distendue par un pneumopéritoine au moyen d'un endoscope à travers la paroi abdominale.
3. Radiographie de l'utérus, injecté au préalable d'une substance opaque aux rayons X.

— Le fœtus reste aseptique, écartant par là même toute éventualité d'infection sévère.

La plupart des lithopédions demeurent dans l'abdomen en pleine harmonie ; de rares complications ont été constatées.

Voilà bien un fait étrange mais heureusement hors du commun dans des pays hautement médicalisés comme le nôtre.

Quelques histoires brèves

EMPREINTES

Madrid, mai 1993. Madame Castro vient d'accoucher d'un beau petit José de 3 kg 200. Le bonheur pourrait être à son comble, mais Monsieur Castro fait vivre un véritable enfer à sa femme. En effet, depuis plusieurs années, il la soupçonne d'infidélité. Leurs deux premiers enfants, âgés respectivement de huit et cinq ans, sont traumatisés d'assister à toutes ces scènes. Mais Monsieur Castro veut avoir la certitude qu'il est bien le père de José.

Une recherche de paternité est alors autorisée par un juge, et on effectue des prises de sang à toute la famille.

Le résultat est clair, précis, sans ambiguïté : Monsieur Castro est bien le père du petit José. Mais, ce que les médecins n'ont pas le droit de lui avouer, c'est qu'en revanche, les deux aînés ne sont pas de lui !

TAPISSERIE

Un beau dimanche après-midi de juin, alors qu'il accroche un tableau dans son salon, Francis s'écroule brutalement. Sa femme le retrouve sans connaissance avec du sang qui s'écoule de son cou. Affolée, elle téléphone immédiatement au S.A.M.U. qui décide de le transférer, après les premiers gestes de réanimation, au centre hospitalier le plus proche. Le commissaire de police est appelé sur les lieux pour enquêter sur cet accident surprenant.

Une radiographie met en évidence un objet métallique à la base du crâne. Il faut procéder à une intervention chirurgicale sur Francis en urgence. Les suites opératoires sont simples : aucun organe vital n'a été touché. Francis se réveille quand on lui apprend qu'on a extrait un clou de tapissier.

Une enquête dans son entourage permit de découvrir qu'un voisin de l'immeuble d'en face était en train de tendre les murs de sa chambre ce jour-là, fenêtres grandes ouvertes. Un clou s'était échappé de son marteau pneumatique et était arrivé tout droit dans le cou de Francis. On a pu ainsi innocenter sa femme suspectée d'avoir tenté de tuer son mari.

HARMONICA

Un homme d'une cinquantaine d'années se réveille un matin en crachant du sang. Cet épisode se reproduit plusieurs jours de suite, parfois lors de quintes de toux. Très inquiet, il consulte son médecin qui lui prescrit une radiographie et une prise de sang. Aucune anomalie n'est détectée.

Mais, quoique de façon irrégulière, les mêmes symptômes réapparaissent, surtout le week-end. Fumeur depuis des années, il est essentiel d'éliminer l'éventualité d'une tumeur du poumon.

On effectue alors une fibroscopie bronchique qui n'amène aucun renseignement supplémentaire.

Mais pourquoi ce patient continue-t-il à cracher du sang ?

Après plusieurs consultations, on finit par découvrir qu'il jouait de l'harmonica le samedi et le dimanche, et que les crachats sanglants qui l'incommodaient étaient dus à l'incision des varices sublinguales par l'instrument.

CAPTIVUS

Philippe et Corinne se souviendront longtemps de cette soirée de septembre. Après un dîner bien arrosé chez des amis, ils rentrent chez eux et font l'amour comme des fous.

Mais Philippe ne peut se retirer. Corinne panique, hurle et, sous l'effet de l'alcool, gifle Philippe. C'est la crise ! Corinne se débat, Philippe se contracte, ils restent bloqués dans la position du missionnaire. Corinne est proche du malaise.

Philippe réussit à saisir le téléphone posé près du lit et appelle un médecin de garde. Vingt minutes après, le praticien défonce la porte et découvre le spectacle hallucinant de ce couple coincé pendant l'amour. Il les rassure, les calme, leur parle avec douceur. Corinne et Philippe sont épuisés. Le médecin leur injecte à tous deux un décontracturant en intramusculaire, et peu à peu la situation se détend jusqu'au relâchement salvateur. Philippe et Corinne avaient vécu, bien malgré eux, un épisode de pénis captivus.

LA BLONDE PLATINÉE

En se réveillant, Pascaline pousse un cri : le visage de Frédéric est défiguré et couvert d'urticaire. Cette éruption le démange beaucoup, mais disparaît en moins d'une heure.

Le lendemain, Frédéric a une nouvelle crise, plus étendue, qui atteint le thorax et les bras, et cède à nouveau très vite sans qu'il fasse quoi que ce soit. Il préfère néanmoins consulter son médecin qui, d'après les descriptions, confirme le diagnostic d'urticaire et lui prescrit des médicaments pendant plusieurs jours. Mais les poussées resurgissent dès qu'il arrête le traitement. Il se sent fatigué et commence à s'inquiéter.

Après l'avis de son médecin, il prend rendez-vous chez un allergologue qui effectue une véritable enquête plusieurs semaines durant : interrogatoire minutieux, prises de sang, tests cutanés, tenue d'un cahier dans lequel il doit noter tout ce qu'il mange. La recherche de la cause d'une urticaire est difficile. Frédéric est à bout.

Enfin, après deux mois, le voile est levé sur le mystère. On découvrit l'élément responsable : Frédéric était allergique à la nouvelle teinture blonde de Pascaline.

L'AMOUR A MORT

Christine, vingt-huit ans, a été retrouvée morte dans son appartement. Une lettre explique son geste, et son suicide ne semble faire aucun doute.

Le médecin, appelé sur les lieux, constate le désordre : la bouteille de vodka vide, et deux boîtes de barbituriques près du lit de la jeune femme. Il confirme très vite le décès : son corps est rigide, froid, le pouls est inexistant, il n'y a aucun signe de respiration pas plus que de réflexe pupillaire. Le commissaire de police ordonne le transfert du cadavre à la morgue et débute une enquête de routine.

L'employé de garde, seul ce soir-là, troublé, jette un regard sur ce corps si svelte, et le désir l'envahit peu à peu. Il l'embrasse, pose sa main sur les lèvres glacées, caresse les seins et, comble de l'horreur, la viole. Il ne réalise pas, à ce moment-là, que les yeux de Christine venaient de s'entrouvrir. Christine se réveillait, sortait de son état de mort apparente dans lequel elle était plongée !

Le mélange de barbituriques et d'alcool avait provoqué un épisode d'hypothermie qui avait trompé le médecin et entraîné une diminution de la fréquence cardiaque et respiratoire, tout en préservant les cellules cérébrales. Ce stade de quasi-hibernation permet aux cellules de travailler au ralenti et d'avoir moins besoin d'oxygène. Quelques mouvements respiratoires très faibles, à peine perceptibles, suffisent à maintenir la vie. Cet état est comparable à celui des ours capables de dormir plusieurs mois sans pour autant mourir.

JAVEL

Un homme de quarante-huit ans consulte un dermatologue pour une éruption localisée sur ses testicules et sur la face supérieure de ses cuisses.

Le médecin s'étonne de l'intensité de l'érythème qui provoque de violentes brûlures et une gêne pendant la marche. Lorsqu'il interroge son patient sur l'origine, la fréquence, la date d'apparition de ces rougeurs, et le savon qu'il utilise pour se laver, sa femme qui l'accompagne, s'exclame alors :

« Docteur, tout cela est arrivé à partir du moment où j'ai décidé de nettoyer mon mari avec de l'eau de Javel après avoir fait l'amour ! »

CRIBLÉE

Katy, jeune parisienne de vingt-six ans, souffre depuis plusieurs années d'un rhume des foins dû à une allergie aux pollens de graminées, qui débute en mai et se termine courant juillet. Pendant plus de deux mois, elle est ainsi gênée par des écoulement du nez, des éternuements qui l'épuisent, lui gâchent ces mois si agréables et l'obligent à utiliser beaucoup de Kleenex et de médicaments.

Un soir de Noël, alors qu'elle s'apprête à déguster un beau

morceau de dinde, son nez se met brusquement à couler pendant quelques minutes. Elle est étonnée. Ce genre d'incident ne s'est jamais produit en dehors du printemps.

Les symptômes se reproduisent alors plusieurs fois par jour. Les médicaments qu'elle utilise d'habitude pour son allergie printanière ne la soulagent pas.

Elle consulte alors un allergologue qui élimine très vite un épisode allergique et lui demande d'effectuer un scanner. Le résultat est surprenant : Katy présentait une faille de la lame criblée de l'éthmoïde [1] qui a permis cet écoulement translucide. Il s'agissait en fait du liquide céphalo-rachidien venant du cerveau par les fosses nasales.

Cette fracture, consécutive à un léger traumatisme crânien datant de plusieurs mois, put être réduite après une intervention chirurgicale.

1. Os de la base du crâne, séparant la cavité de la voûte crânienne avec les os de la face.

NOTE À L'INTENTION DES LECTEURS

Si vous aussi,
vous avez été témoins d'histoires médicales
incroyables, rarissimes, surprenantes,
mais s'étayant sur des faits sérieux,
n'hésitez pas à nous adresser vos récits. Ecrivez-nous à .

Editions Filipacchi
151, rue Anatole-France
92300 Levallois-Perret

N'ayez aucune inquiétude, nous respecterons
votre anonymat.

TABLE DES MATIÈRES

AVERTISSEMENT 7

Une si longue absence 9
Les herbes blanches 27
Un homme débordant d'amour 43
Une force incontrôlable 55
Des cris dans la nuit 75
Un garçon dans le vent 89
Une dame si tranquille 105
L'amour sorcier 121
L'homme rangé 129
Une tradition ancestrale 145
Elodie 161
Une naissance tant espérée 181
Cœur de pierre 197
Quelques histoires brèves 213

NOTE À L'INTENTION DES LECTEURS 219

John J. McNeill.
Les Exclus de l'Église.
119 F.

Jean-Claude Duluc.
Anthologie des miracles et des mystifications à travers 50 siècles de spiritualité.
119 F.

Betty J. Eadie.
Dans les bras de la lumière.
99 F.

GUIDES PRATIQUES-SANTÉ

Docteur Marc B. Ganem.
La Sexualité du couple pendant la grossesse.
99 F.

Docteur David Elia, docteur Jacques Waynberg.
Guide pratique de la vie du couple.
189 F. (Album relié).

Jean-Claude Duluc.
Docteur est-ce une erreur ?
99 F.

Jean-Louis Degaudenzi.
Le Secret de votre groupe sanguin.
99 F.

Janet L. Wolfe.
Monsieur a sa migraine.
109 F.

Docteur Claude Chauchard, Véronique Blocquaux, Jacques Chenu.
Retraité ? Moi, jamais !
109 F.

Jacques de Schryver.
La Revanche du cancre.
119 F.

Betty de Brouhan, Yvan Katz.
Guide Smoby à l'usage des familles.
99 F.

Xavier Maniguet.
Naufragés. Comment survivre en mer.
99 F.

BEAUX LIVRES (DIVERS)

Roger Thérond, Jean-Charles Tacchella.
Les Années éblouissantes. Le cinéma qu'on aime : 1945-1952.
295 F.

Stars, les Incontournables.
275 F.

Miguel Alcala.
Le Flamenco et les gitans.
175 F.

Johnny Hallyday.
Le Dernier Rebelle.
175 F.

Gilles Lhote.
Le Cuir des héros.
199 F.
Cows-boys des nuages.
220 F.
La Légende Harley-Davidson.
240 F.

MUSIQUE (DIVERS)

Opéras, les Incontournables.
249 F. (Album relié).

Rock'n'roll, les Incontournables.
249 F. (Album relié).

Jazz, les Incontournables.
249 F.(Album relié).

Voyage espiègle et romanesque sur le petit train du Congo
109 F.
Le Petit Train des cacahuètes.
119 F.

Michel Bagnaud.
Profession : inventeur de trésors.
99 F

Joe Galland.
Torpeurs.
99 F.

Patrice Franceschi.
Chasseur d'horizons.
275 F. (Album relié).

Francis Cucchi.
La Route du pavot.
119 F.

Jean-Pierre Imbrohoris.
Démences meurtrières.
99 F.

Jean-Louis Degaudenzi.
Les Enfants de la haine.
99 F.

Guy Doly-Linaudière.
L'Imposture algérienne.
99 F.

Anne Montel-Girod.
Itinéraire d'un amour.
85 F.

Gérard de Villiers.
Mes carnets de grand reporter.
99 F.

Jean-Noël Liaut.
Modèles et mannequins (1945-1965).
129 F.

Jean Bruno.
Lettre aux assassins du football.
90 F.

Muriel Canoby.
Sous l'emprise du démon.
109 F.

ÉSOTÉRISME

Julia Pancrazi, Mme De Soria.
La Voyance en héritage.
109 F.

Richard Balducci.
La Vie fabuleuse de Nostradamus.
119 F.

Vlaicu Ionescu, Marie-Thérèse de Brosses.
Les Dernières Victoires de Nostradamus.
119 F.

Elisabeth et Jean-Claude Zana.
Les Stars racontent l'étrange.
109 F.

RELIGIONS-SPIRITUALITÉ

Nicolas Pigasse.
Croient-ils tous au même dieu ?
110 F.

Lino Sardos Albertini.
L'Au-delà existe.
119 F.
Au-delà de la foi.
119 F.
Indices et preuves de l'existence de l'Au-delà.
119 F.

Pierre Jovanovic.
Enquête sur l'existence des anges gardiens.
129 F.

Jackie Landreaux-Valabrègue.
Les Scientifiques à la recherche de Dieu.
119 F.

Dante Vacchi, Anne Vuylsteke.
Les Jésuites en liberté.
320 F. (Album relié).

Les Années Jazz Magazine : 40 ans de passion.
320 F. (Album relié).

Geoffrey Smith.
Stéphane Grappelli.
115 F.

Luigi Viva.
Pat Metheny.
149 F.

Jim Haskins.
Ella Fitzgerald.
119 F.

Albert Murray.
Good Morning Blues, Count Basie.
149 F.

Herman Leonard.
L'Œil du jazz.
270 F. (Album relié).

Fabrice Zammarchi.
Sidney Bechet.
249 F. (Album relié).

ART

Edouard Jaguer.
Richard Oelze.
199 F.

Jean Toulet.
Georges Leroux.
199 F.

José Pierre.
Guy Johnson.
195 F.
L'Aventure surréaliste autour d'André Breton.
230 F.

Jacques Baron.
Anthologie plastique du surréalisme.
380 F.

Didier Semin.
Victor Brauner.
950 F.

Alain Sayag.
Hans Bellmer, photographe.
178 F.

Paul Brach.
John Kacere.
279 F.

Pour recevoir notre catalogue directement chez vous,
il vous suffit de nous envoyer 4,40 F en timbres
(France métropolitaine uniquement)
6 F pour les DOM-TOM
à
Editions Filipacchi-Société SONODIP,
151, rue Anatole-France
92300 Levallois-Perret
sans omettre de bien préciser vos nom et adresse
en lettres majuscules de préférence.

Cet ouvrage
a été composé
par l'Imprimerie BUSSIÈRE
et imprimé
sur presse CAMERON
dans les ateliers de la S.E.P.C.
à Saint-Amand-Montrond (Cher)
en mai 1994

N° d'éditeur : 1309. N° d'impression : 1305.
Dépôt légal : mai 1994.
Imprimé en France
ISBN : 2 85018 397 0